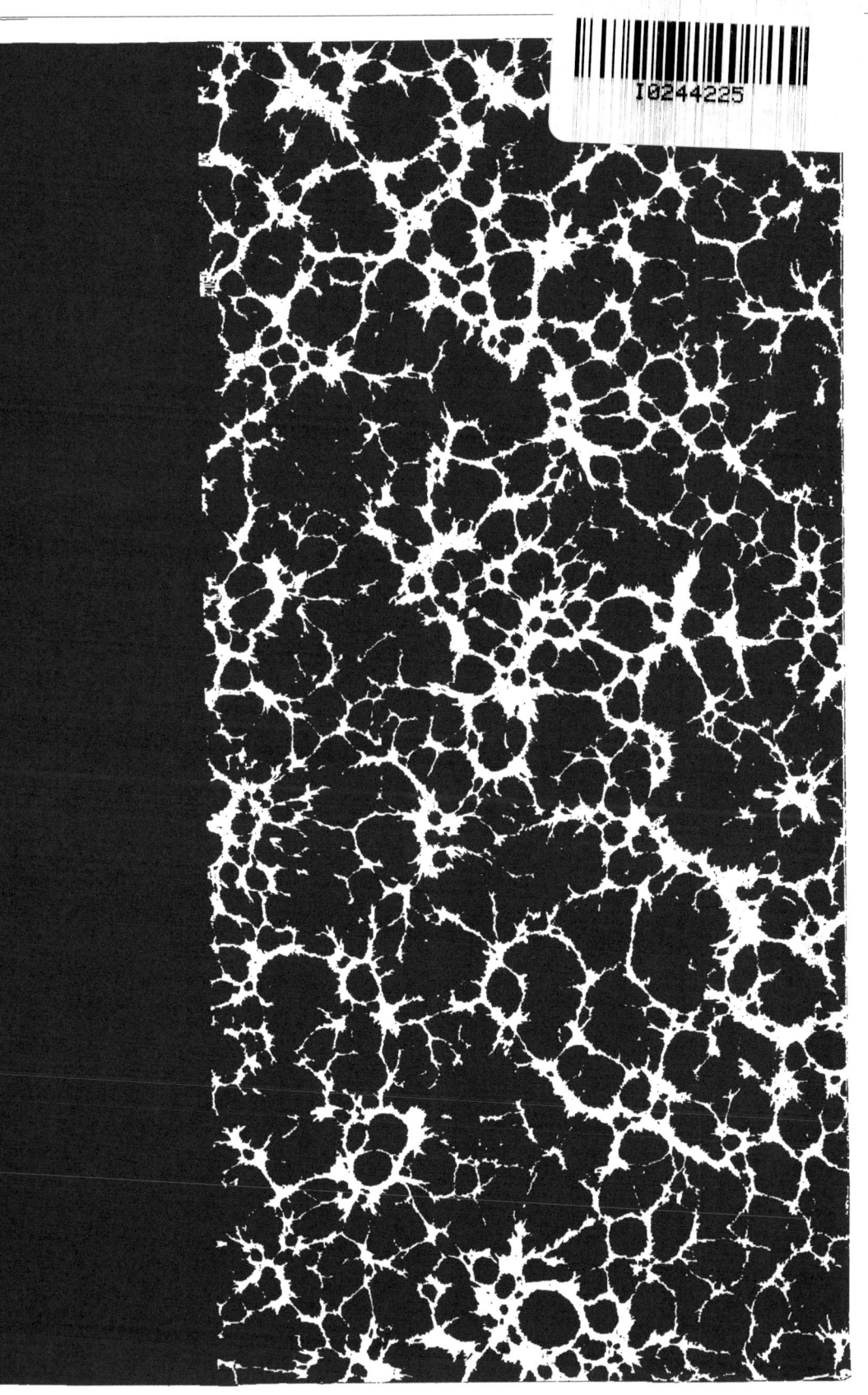

R. LAUB 1969

GUERRE DE 1870—1871

III

JOURNAL
DU
SIÈGE DE BELFORT

· PAR ·

EDOUARD DOLL

*Garde mobile du 4ᵉ Bataillon du Haut-Rhin,
d'abord détaché au Bureau de Recrutement, puis infirmier en chef de
l'Ambulance du Campement, à Belfort*

Avec une notice biographique, 13 portraits isolés,
2 groupes, 11 vues de Belfort, 1 plan de Belfort en 1870 et 1 fac-similé

MULHOUSE
Ernest Meininger, Imprimeur-Éditeur
1909

GUERRE DE 1870-1871

JOURNAL

DU

SIÈGE DE BELFORT

EDOUARD DOLL
en tenue de chef ambulancier

GUERRE DE 1870—1871

III

JOURNAL

DU

SIÈGE DE BELFORT

PAR

EDOUARD DOLL

*Garde mobile du 4e Bataillon du Haut-Rhin,
d'abord détaché au Bureau de Recrutement, puis infirmier en chef de
l'Ambulance du Campement, à Belfort*

Avec une notice biographique, 13 portraits isolés,
2 groupes, 11 vues de Belfort, 1 plan de Belfort en 1870 et 1 fac-similé

MULHOUSE
Ernest Meininger, Imprimeur-Éditeur
1909

Il a été tiré de cet ouvrage 50 exemplaires d'amateur sur papier de Hollande, numérotés à la presse, au prix de 12 Mark (15 francs) l'exemplaire.

NOTICE BIOGRAPHIQUE

Edouard Doll naquit à Altkirch (ancien département du Haut-Rhin) le 15 avril 1846; son père, Charles-Emmanuel Doll, fut sous-préfet à Altkirch, puis à Saverne; après le 2 Décembre, il quitta la carrière administrative et prit la direction des Houillères de Ronchamp. Edouard Doll fit ses études au collège de Mulhouse, puis à Paris.

Peu avant la guerre, il fonda à Mulhouse une maison de commerce qu'il ne cessa de diriger avec persévérance et succès. Grâce à une grande facilité de travail, jointe à une activité entreprenante, homme d'initiative et d'action, toujours prêt à se consacrer à une bonne cause, à venir en aide à ceux qui avaient besoin de son concours, il partagea son temps entre ses affaires et de nombreuses œuvres d'intérêt public. Il fut l'un des fondateurs des Colonies de vacances à Mulhouse en 1882 et il en resta président jusqu'à sa mort, survenue le 6 avril 1896. Il a contribué à la fondation du Chantier de travail et de la Société pour combattre la mendicité; de la Société des intérêts de Mulhouse et de la région et du Bureau d'informations, qui en dépend, œuvres dont il fut également président.

Membre de plusieurs comités de la Société industrielle de Mulhouse, il fut nommé, en janvier 1896, secrétaire des séances. Il fut élu conseiller municipal en 1886 et s'occupa plus spécialement des commissions des écoles et de l'hôpital.

Edouard Doll a fait partie, en 1870, du dépôt de la garde nationale mobile du Haut-Rhin à Belfort, où, d'abord comme employé au recrutement, puis comme chef infirmier d'une ambulance établie dans la maison Grosborne, place d'Armes, à Belfort, il remplit vaillamment ses fonctions pendant toute la durée du siège.

Ce sont ses notes journalières, dans lesquelles ses anciens amis retrouveront ses qualités de cœur et d'intelligence, son caractère droit, tantôt gai, tantôt sérieux, que nous reproduisons ici, avec l'autorisation de sa famille.

L'Éditeur.

PREMIÈRE PARTIE

ORDRES DIVERS

AVANT L'INVESTISSEMENT DE BELFORT

ORDRE

Conformément à une décision du 7 octobre courant et par suite de la nomination du colonel Crouzat au grade de général de brigade, le général de Chargère partira pour Tours et se mettra à la disposition du ministre de la guerre. Le général Crouzat prendra le commandement territorial de la subdivision à dater d'aujourd'hui.

Belfort, le 8 Octobre 1870.

Le général commandant la subdivision du Haut-Rhin :

(Signé) DE CHARGÈRE.

ORDRE

Par décision du ministre de la guerre, M. le général de Chargère est rappelé à Tours et M. le général Crouzat est investi du commandement de la subdivision à Belfort.

Le général Crouzat témoigne au nom de l'armée au brave général de Chargère, les regrets bien sincères que son départ cause à tous; c'est grâce à sa sollicitude, à son activité, à son travail, qu'a été préparée la réorganisation de l'armée du Rhin; le nom et la mémoire du général de Chargère resteront gravés dans le cœur de ceux qu'il a commandés à Belfort.

Belfort, le 9 Octobre 1870.

Le général commandant supérieur par intérim :

(Signé) CROUZAT.

ORDRE

Le gouvernement de la Défense nationale vient de nommer le général d'artillerie Crouzat gouverneur de la place de Belfort, et le général Cambriels l'a nommé son délégué dans la 6e division militaire. Le général gouverneur compte sur le courage et le dévouement à la patrie de tous, comme ils peuvent compter sur le sien.

Belfort, le 12 Octobre 1870.

Le général commandant supérieur :

(Signé) CROUZAT.

ORDRE

A dater d'aujourd'hui, M. le colonel Jacquemet, commandant la place de Belfort, prendra le commandement de la subdivision territoriale du Haut-Rhin.

Belfort, le 12 Octobre 1870.

Le général commandant supérieur :
(Signé) CROUZAT.

ORDRE

Par dépêche de ce jour, le ministre de la guerre fait connaître qu'il a nommé M. le lieutenant-colonel du génie Denfert au grade de colonel et qu'il l'investit du commandement de la place de Belfort.

Belfort, le 19 Octobre 1870.

(Signé) Le général CROUZAT.

ORDRE

Officiers, sous-officiers et soldats de la garnison de Belfort !

Le gouvernement de la République m'appelle au commandement d'une brigade active à Besançon et me prescrit de remettre le commandement supérieur de la place à M. le colonel du génie Denfert.

Je me sépare de vous avec regret, sûr que j'étais que je pourrais compter sur votre concours le plus énergique et le plus patriotique, pour défendre Belfort à la dernière extrémité, si nous étions attaqués.

Ce que vous auriez fait avec moi, vous le ferez avec mon successeur. Le moment est venu de dire comme nos pères de 1793 allant à l'ennemi :

La France victorieuse ou la mort!

Belfort, le 19 Octobre 1870.

Le général commandant :

(Signé) CROUZAT.

ORDRE

La ville de Mulhouse ayant envoyé à la garnison de Belfort 700 gilets de flanelle, ces gilets seront déposés à l'hôpital militaire par les soins de l'intendance pour être distribués aux malades et convalescents.

Belfort, le 19 Octobre 1870.

ORDRE

En vertu des ordres de M. le général de division commandant supérieur de l'Est, M. Chapelin, chef de bataillon du génie, prendra à dater de ce jour le commandement du génie de la place de Belfort.

Belfort, le 20 Octobre 1870.

ORDRE

Officiers, sous-officiers et soldats de la garnison de Belfort!

Le ministre de la guerre m'a nommé colonel et m'a investi du commandement de la place de Belfort.

Appelé à succéder à M. le général Crouzat, dont nous avons tous apprécié le patriotisme, l'énergie et les grands talents militaires, je ferai tous mes efforts pour marcher sur ses traces et justifier la confiance dont le ministre m'a honoré.

La tâche que nous avons à remplir est ardue, mais vous pouvez me la rendre plus facile en apportant le plus grand dévouement à l'accomplissement de vos devoirs.

L'indiscipline a été la cause principale des désastres que nous avons éprouvés. Que tout le monde soit pénétré de la nécessité de l'obéissance. Je désire cette obéissance active et non passive, et j'entends par là qu'aucun de vous n'aura rempli son devoir qu'autant qu'il se sera pénétré, dans toute leur étendue, des obligations que lui imposent les fonctions qu'il a été appelé à remplir. Que tous ceux qui sont investis d'un grade, se pénètrent donc de ce qu'ils ont à faire, pour être à la hauteur de leurs fonctions. Qu'ils étudient ce qu'à ce titre les règlements militaires exigent d'eux, et qu'ils en fassent l'application à leurs inférieurs. Le commandement alors deviendra facile à tous les degrés de la hiérarchie; les ordres s'exécuteront aisément, parce que tous, officiers, sous-officiers et soldats auront une idée nette de la tâche qui leur incombe.

Que tout le monde soit pénétré, de plus, que la situation du pays ne comporte ni négligence ni faiblesse et que tous nous devons être prêts à vaincre ou à mourir.

Belfort, le 19 Octobre 1870.

Le colonel commandant : (Signé) DENFERT.

ORDRE

M. Koechlin Isaac, capitaine au 1er bataillon du Haut-Rhin, et M. Hamon, sous-lieutenant au 45e de ligne, sont nommés juges au premier conseil de guerre, en remplacement de MM. Déchamp et Gontier, du 45e de ligne.

Le premier conseil de guerre se réunira lundi, 24 octobre, à 1 heure, au tribunal civil de Belfort.

Belfort, le 22 Octobre 1870.

Le colonel commandant :
Par ordre : (Signé) DONZÉ.

Colonel DENFERT-ROCHEREAU
Commandant supérieur de la place de Belfort

DEUXIÈME PARTIE

JOURNAL DE M. EDOUARD DOLL

Du 2 Novembre 1870, jour où commence l'investissement,
au 18 février 1870, jour de l'entrée des Prussiens à Belfort.

Mardi, 2 Novembre 1870. — A Mulhouse, où j'étais en permission, on me dit que les Prussiens sont à Dannemarie et qu'il n'y a plus de trains ; à Dannemarie j'apprends qu'il y a eu quelques uhlans la veille à Balschwiller, à quatre kilomètres de Dannemarie, où il n'y a qu'environ 150 mobiles du Rhône, commandés par le capitaine du génie Thiers, prêts à faire sauter le viaduc. On assure que La Chapelle est occupée par l'ennemi.

En arrivant sans encombre à Belfort, j'apprends qu'à 2 heures l'ennemi a fait réquisition à Frais, près Foussemagne, de trente-quatre sacs de pomme de terre et de deux bœufs ; j'ai passé dans cette localité, sans me douter de rien, vers 3 heures. J'apprends également que le 1er bataillon de la Haute-Saône se bat à Grosmagny et à Chaux, et vient de se replier en assez bon ordre devant des forces supérieures et que le 1er bataillon du Rhône se bat à Roppe et tient très ferme, malgré une batterie d'artillerie que possède l'ennemi.

A minuit, l'on fait sauter le viaduc de Dannemarie, puis le capitaine Thiers revient avec son détachement de mobiles.

Jeudi, 3 Novembre 1870. — Les Prussiens sont décidément à Roppe, autour de Chaux, à Danjoutin et à Sevenans et se rapprochent de Belfort ; on ne sait cependant encore si la place sera réellement investie. Un ou deux obus arrivent à la Justice et à la Miotte, et l'on y répond par une dizaine d'obus envoyés de la Miotte, de la Justice et des Perches. L'un des obus de la Miotte force une colonne en marche près de Roppe à se retirer vivement sur cette localité, où l'on a encore envoyé, dit-on, quelques boulets ou obus. On m'affirme qu'un autre obus, pointé par un officier, a démonté net une pièce mise en batterie par l'ennemi.

Le 1er bataillon du Rhône ou les compagnies de ce bataillon qui s'étaient battues la veille, reviennent après avoir eu encore un engagement de deux heures du côté d'Eloie, Valdoie, etc. Ce bataillon a perdu un seul homme et n'en a eu que quatre ou cinq de blessés ; le lendemain, sa fermeté est signalée à l'ordre du jour.

P. S. du 6 Novembre. — Les pertes réellement constatées de ce bataillon sont : 70 tués, 81 blessés ou disparus et 2 officiers tués.

Vendredi, 4 Novembre 1870. — Le canon commence à gronder successivement de tous les forts. Dans la matinée on m'affirme que des batteries ennemies sont déjà installées de huit côtés différents, mais ce ne sont, dit-on, que des pièces de campagne. A $1\:^1/_2$ heure, un officier prussien des uhlans, accompagné d'un uhlan, se présente, et est amené, les yeux bandés, par un officier français, jusque dans une chambre du poste de la porte du Vallon ; on le prie de rédiger par écrit les communications qu'il a à faire, puis on lui offre une collation : il quitte vers 2 heures, porteur de la réponse du colonel commandant supérieur.

L'après-midi, on affiche une proclamation à la population et à la garnison de Belfort (voir plus loin). On recommande aussi de mettre de l'eau aux étages supérieurs des maisons, pour les cas d'incendie.

Dans la soirée, le canon du Château se fait entendre plusieurs fois : c'est une pièce de 24, se chargeant d'habitude avec $2\,^1/_2$ kilos de poudre, et avec laquelle on tire sur le château de M. Saglio, à Sevenans, à six kilomètres au Sud, dans lequel s'est installé l'état-major prussien ; on commence par une charge de 3 kilos, mais comme le château est à près de 6 kilomètres, on augmente la charge jusqu'à $5\,^1/_2$ kilos ; à ce dernier coup, le recul est tel que le canon et son affût vont, derrière les traverses qui les supportent, s'enfoncer dans le talus ; on installe immédiatement une chèvre pour les dégager. Le boulet lancé par ce dernier coup, tombe, dit-on, à quelques mètres du château de Sevenans. Demain, ou aussitôt la pièce réinstallée, on tirera avec 6 kilos de poudre.

PROCLAMATION
à la population et à la garnison de Belfort.

L'ennemi a terminé hier l'investissement de la place de Belfort. Nous avons essayé de retarder cette opération autant que le permettaient les ressources dont nous disposions. Les combats qui se sont livrés ont démontré aux Prussiens que nous étions préparés à une vigoureuse résistance ; nous ferons tous nos efforts pour tenir l'ennemi le plus éloigné possible de la place, et nous comptons à cet effet sur le patriotisme et le concours de l'armée et de la population. Mais quelque succès que nous puissions obtenir dans cette voie, nous ne devons pas nous dissimuler que la période que nous allons traverser exige de tout le monde l'abnégation et l'esprit de sacrifice.

Dans l'accomplissement de ce devoir qu'impose à tous plus que jamais la situation malheureuse de la France, nous serons soutenus par la pensée qu'en faisant le siège de Belfort, l'ennemi entreprend une opération plutôt politique que militaire, et que la faute qu'il commet dans cette diversion doit profiter à la délivrance de notre patrie et au salut de la République.

Belfort, le 4 Novembre 1870.

Le Colonel Commandant supérieur :

(Signé) DENFERT.

Samedi, 5 Novembre 1870. — Dès le matin, on trouve affiché ce qui suit :

Communication au colonel commandant supérieur
de la place de Belfort

Devant Belfort, le 4 Novembre 1870.

Très honoré et honorable Commandant !

Je me fais un honneur de porter très respectueusement à votre connaissance la déclaration suivante :

Je n'ai pas l'intention de vous prier de me rendre la place de Belfort ; mais je vous laisse le soin de juger s'il ne conviendrait pas d'éviter à la ville toutes les horreurs du siège et si votre conscience, votre devoir ne vous permettraient pas de me livrer la forteresse dont vous avez le commandement. Je n'ai d'autre intention, en vous envoyant cet écrit très respectueux, que de préserver autant que possible la population du pays des horreurs de la guerre. C'est pourquoi je me permets de vous prier de vouloir bien, dans la limite de vos pouvoirs, faire connaître aux habitants que celui qui s'approchera de la ligne d'investissement, à portée de nos canons, mettra sa vie en danger. Les propriétaires de maisons situées entre la place et notre ligne d'investissement, doivent se hâter de mettre leur mobilier en lieu sûr, car, d'un instant à l'autre, je puis être obligé de réduire les maisons en cendres ; je saisis cette occasion pour vous assurer de mon estime toute particulière, et j'ai l'honneur d'être, etc.

DE TRESKOW,

Général commandant royal prussien des troupes concentrées devant Belfort.

6ᵉ DIVISION MILITAIRE
PLACE DE BELFORT

*Le Colonel commandant supérieur
au Général de Treskow, commandant les troupes allemandes
devant Belfort.*

Général !

J'ai lu avec toute l'attention qu'elle mérite la lettre que vous m'avez fait l'honneur de m'écrire avant de commencer les hostilités. En pesant dans ma conscience les raisons que vous me développez, je ne puis m'empêcher de trouver que la retraite de l'armée prussienne est le seul moyen que conseillent à la fois l'honneur et l'humanité pour éviter à la population de Belfort les horreurs d'un siège ; nous savons tous quelle sanction vous donnerez à vos menaces et nous nous attendons, Général, à toutes les violences que vous jugerez nécessaires pour arriver à votre but ; mais nous connaissons aussi l'étendue de nos devoirs envers la France et envers la République, et nous sommes décidés à les remplir.

Veuillez agréer, Général, l'assurance de ma considération très distinguée.

Le Colonel commandant supérieur de la place de Belfort :

(Signé) DENFERT.

Le délai donné à la place pour se rendre expire à midi. Néanmoins, sauf quelques coups tirés de nos forts, il ne se passe rien d'intéressant. Le fort des Basses-Perches met le feu à une ou deux maisons de Chèvremont, mais ne peut réussir à propager l'incendie ; cependant le feu allumé suffit à tenir à distance un convoi de munitions prussien que l'ennemi voulait faire entrer dans ce village. Les rues sont, toute la journée, un peu moins animées que la veille, mais toujours l'attitude de la population et de la garnison dénote beaucoup de confiance et de résolution : on se prépare avec calme et sang-froid, la garnison à résister vigoureusement et les habitants à subir les conséquences du bombardement.

Belfort le, 4 9bre 1870

À Mr. le Général de Treskow commandant les forces prussiennes devant Belfort

Général,

J'ai lu avec toute l'attention qu'elle mérite la lettre que vous m'avez fait l'honneur de m'écrire avant de commencer les hostilités. En pesant dans ma conscience les raisons que vous me développez, je ne puis m'empêcher de trouver que la retraite de l'armée prussienne est le seul moyen que conseillent à la fois l'honneur et l'humanité pour éviter à la population de Belfort les horreurs d'un siège.

Nous savons tous quelle sanction vous donnerez à vos menaces et nous vous attendons, Général, à toutes les violences que vous jugerez nécessaires pour arriver à votre but; mais nous connaissons aussi l'étendue de nos devoirs envers la France et envers la République et nous sommes décidés à les remplir.

Veuillez agréer, Général, l'assurance de ma considération très distinguée.

Le Colonel du Génie, commandant supérieur de Belfort,
Denfert-Rochereau

Fac-similé de la lettre écrite par le colonel Denfert, commandant de Belfort, au général de Treskow qui le sommait de rendre la place.

Dimanche, 4 Novembre 1870. — Sauf quelques coups de canon tirés de nos forts, la journée se passe très tranquillement. Dès le matin, le bruit se répand qu'un armistice a été conclu dès l'avant-veille, pour vingt-cinq jours ; cette nouvelle aurait été apportée de Suisse par un voyageur qui a réussi à passer ; mais elle ne reçoit aucune confirmation. Dans la journée, il se présente un nouveau parlementaire que M. Wehrlin, comme officier d'état-major, va recevoir à 600 mètres de la porte du Vallon, sans le laisser avancer davantage. Pendant ce temps, deux ou trois obus prussiens éclatent non loin de ce dernier ; il s'en plaint au parlementaire qui envoit un uhlan à bride abattue, donner l'ordre de cesser le feu dans cette direction.

L'après-midi, une note du commandant supérieur met la garnison en garde contre l'envoi de parlementaires chargés de missions insignifiantes, ruse assez employée par l'ennemi ; ce parlementaire était en effet chargé de demander l'échange des prisonniers, et l'autorisation de transmettre une lettre d'un officier de Belfort à son frère blessé et prisonnier en Allemagne. Comme, peut-être contrairement à l'opinion des Prussiens, nous n'avons pas de prisonniers ici, on lui répond négativement à leur égard, en ajoutant que leurs prisonniers partageront avec la population de Belfort les rigueurs du siège.

Dans la soirée, 26 ou 30 hommes du génie (y compris O. Koechlin, Ch. Steinbach et G. Merklen), escortés d'une centaine de mobiles du Rhône, vont conduire un ou deux waggons à Valdoie, chez Page frères, et les ramènent chargés de coke et de ferraille destinés à la fonderie que le génie est en train d'installer en ville. De plus à 9 heures, dans le plus grand silence, le 1er bataillon du Rhône va occuper Bellevue, où nous n'avons pu terminer dans la journée l'installation d'une batterie.

Lundi, 7 Novembre 1870. — Les Prussiens ont presque entièrement débloqué Belfort du côté de la Suisse c'est-à-dire au Sud-Est, pour se reporter en plus grandes forces vers le Nord-Ouest. C'est qu'on a dit que Garibaldi est dans les Vosges, du côté de Giromagny, avec environ 25.000 hommes.

C'est à partir d'aujourd'hui que les troupes de la garnison toucheront les vivres de campagne, c'est-à-dire : sucre (21 grammes par homme et par jour), café (16 grammes), sel (16 grammes), riz (60 grammes).

L'ennemi ayant été prévenu que des mesures de rigueur seraient prises, s'il envoyait encore des parlementaires d'une façon aussi irrégulière que la veille (obus tirés pendant qu'ils se présentaient et motifs insignifiants), il se présente aujourd'hui un nouveau parlementaire au fort des Basses-Perches pour faire des excuses à cet égard.

L'ordre du jour signale les cinq militaires suivants du 1er bataillon du 16e de marche (Rhône), comme s'étant particulièrement distingués dans le combat des 2 et 3 novembre : MM. Poupard, capitaine de la 1re compagnie, Carrey, capitaine de la 1re compagnie, Portalès, caporal à la 3e compagnie, Debilly, lieutenant à la 3e compagnie, Benoit, garde mobile à la 4e compagnie.

Mardi, 8 Novembre 1870. — Comme la veille, on entend de temps en temps quelques coups de canon isolés ;

l'après-midi, le feu devient plus vif; Les Barres, la Miotte, l'Espérance tirent sur une batterie que l'ennemi cherche à installer près de la ferme de M. Lang, située à gauche de Valdoie, au pied du Salbert.

D'après un ordre de l'après-midi, les parlementaires ne pourront plus se présenter à l'avenir que par la porte du Vallon (par la route de Roppe à Belfort).

M. Kroell, employé du bureau du commandement de place, revenant de Cravanche et du Salbert, où il a porté des instructions aux mobiles qui y sont installés, nous dit qu'il a appris d'un paysan, avec lequel il a longuement causé, que de très fortes colonnes ennemies, longues de 2 kilomètres, avec forte artillerie, ont passé à Frahier et Chalonvillars, se dirigeant vers Héricourt.

D'après ce qui a été rapporté par des voyageurs et émissaires entrés à Belfort par le côté suisse, le résultat du vote de confiance demandé par le Gouvernement de Paris aurait amené environ 475.000 Oui et 40.000 Non; de plus, que les propositions apportées par Thiers ($2^{1}/_{2}$ milliards et démantèlement des forteresses), agréées par le Gouvernement de Tours, et le gouvernement prussien, ont été repoussées par le gouvernement de Paris.

Mercredi, 9 Novembre 1870. — Journée peu marquante, pour les opérations militaires; c'est à peine si l'on entend quelques rares coups de canon. C'est aujourd'hui que nous pendons la crémaillère de notre popote du recrutement, composé de MM. Diethelm, Dunstetter, sergents de recrutement, Jules Dormois, Ch. Merklen et moi, auxiliaires du même bureau, Hænsler, sergent-fourrier de la compagnie du génie de la mobile. Nourriture saine et abondante, quoique modeste et modestement servie ; quant au local, c'est la chambre à coucher des deux sergents qui nous sert de cuisine et de salle à manger, puis de fumoir et de salon. Malgré la simplicité de cette installation, nos familles seraient bien rassurées en la voyant. Le soir, au moment où nous allions nous mettre à table, arrive le capitaine de recrutement qui nous annonce qu'il a commandé une corvée de dix hommes pour le lendemain, pour chercher, après déjeuner, du bois au bois des Perches.

Il se présente encore, paraît-il, un parlementaire, à Bellevue, mais il est renvoyé immédiatement sans avoir obtenu d'audience.

Jeudi, 10 Novembre 1870. Nous arrivons au bureau le matin, armés de pied en cape, pour notre expédition au bois des Perches, lorsque le capitaine nous prévient que M. Diethelm restera pour faire la popote et moi pour aller au rapport de la place. Je reste seul au bureau une bonne partie de l'après-midi, mais je ne le regrette pas, car j'ai ainsi pu profiter d'une occasion subite qui s'est présentée pour envoyer de mes nouvelles à Mulhouse. Les autres reviennent avec une forte provision de bois provenant d'arbres entiers, de forte dimension, qu'ils ont abattus eux-mêmes.

Il paraît que dans l'après-midi, on a failli faire quelques centaines de prisonniers ennemis près du Salbert, mais que l'ennemi a été prévenu par un paysan, qui, pris d'abord, a ensuite réussi à s'échapper.

C'est aujourd'hui que paraît le premier numéro d'un journal, intitulé *Le Siège de Belfort*, qui paraîtra tous les deux jours.

Vendredi, 11 Novembre 1870. — Grand émoi au bureau du recrutement : Dormois, Merklen et Bailly, tous trois auxiliaires, reçoivent l'ordre de retourner à leur compagnie, je reste donc le seul attaché à ce bureau. Cela nous contrarie tous, car il ne sera pas agréable pour eux d'aller s'installer, le premier jour de neige, dans les baraques du camp retranché.

Il paraît qu'on a repris aujourd'hui le soldat du 45e de ligne, originaire de Belfort, qui, la veille, déguisé en civil, a prévenu les 500 Prussiens qui étaient derrière le Salbert, qu'un bataillon entier faisait un mouvement tournant pour les cerner dans la soirée.

Ce soir, ou cette nuit, des batteries de campagne doivent s'approcher le plus possible du château de M. Saglio, à Sevenans, toujours occupé par l'état-major prussien, pour y envoyer des obus incendiaires.

Un parlementaire (M. Wehrlin) doit avoir été envoyé à l'ennemi pour le prévenir que tout parlementaire qui ne se présentera pas par la porte du Vallon sera considéré comme ennemi.

Samedi, 12 Novembre 1870. — Rien de nouveau ; on ne se douterait pas que la ville est investie, si l'on ne voyait travailler par-ci par-là au blindage de quelques portes ou fenêtres (mairie, Hôtel du Tonneau-d'Or, etc.);

du reste, il paraît que les Prussiens ont reculé leur ligne d'investissement, car, malgré la neige qui couvre le sol, on a grand'peine à en découvrir; peut-être est-ce précisément à cause de la neige qu'ils se sont écartés. Il paraît aussi qu'une partie de l'armée d'investissement s'est portée ou se porte vers le Midi (Besançon, etc.)

Un passant nous parle à midi d'une dépêche qui vient d'arriver, dépêche partie de Paris par ballon, d'après laquelle 100,000 hommes seraient partis de Paris et, rejoints par 40,000 hommes de l'armée de la Loire, auraient culbuté les Prussiens, leur auraient pris un grand nombre de prisonniers, de canons, de mitrailleuses, et les auraient repoussés jusqu'à Châlons-sur-Marne. Si c'était vrai, que de terrain de gagné! Mais aucune dépêche n'est publiée dans ce sens; néanmoins ce bruit se répand en ville, à peu près dans les mêmes termes et l'on ne trouve affichée à la sous-préfecture, dans la soirée, qu'une dépêche contenant des extraits d'un journal de Lons-le-Saulnier du 9 novembre, confirmant le refus de l'armistice par le gouvernement de la Défense nationale dans les conditions proposées, et le vote de Paris (voir ci-après).

Affiché le 12 novembre à la Sous-Préfecture.

Extrait d'un journal paru à Lons-le-Saulnier le 8 novembre:

Une dépêche officielle de Tours, en date du 7 novembre, nous apprend que l'armistice, à l'effet d'élire une Assemblée nationale, a été repoussé par le gouvernement de la Défense nationale. Il ne pouvait en être autrement, attendu que la

Prusse a refusé la clause équitable du ravitaillement de Paris et qu'elle ne voulait accepter qu'avec des réserves la participation au vote de l'Alsace et de la Loraine. En réponse aux prétentions de la Prusse, le gouvernement a immédiatement ordonné la formation dans Paris de trois armées dont une de gardes nationaux sédentaires. L'ordre était parfait dans la capitale. Le résultat total du plébiscite à Paris est, d'après l'agence Havas, 557.978 Oui et 62.638 Non.

Dimanche, 13 Novembre 1870. — Dès le matin, on trouve affiché à la sous-préfecture ce qui suit:

Des diverses nouvelles, apportées aujourd'hui à Belfort par un journal du Jura, il résulte, que le mouvement d'invasion de l'armée prussienne est enrayé dans toutes les directions. Le 5 novembre, le corps d'armée de Garibaldi a barré la route pendant toute la journée à un corps ennemi, muni d'une forte artillerie. Le combat s'est terminé à notre avantage. La cavalerie badoise, qui avait occupé Nuits, s'est retirée précipitamment sur Dijon, le 4 au soir. Chagny est fortement occupé par nos troupes. Le 6, près de Châteaudun, les mobiles du Gers et les francs-tireurs de Paris ont surpris un régiment de cuirassiers prussiens, et en ont tué ou blessé bon nombre. La Haute-Saône est encore occupée. De grands événements militaires se préparent à Paris. A Lyon, tout va bien. Les forts sont approvisionnés de munitions. Il y est arrivé une forte colonne de mobiles de Bordeaux. Le conseil municipal de Lyon a décidé que chaque bataillon de la garnison recevrait deux conseillers municipaux dans ses rangs.

Belfort, 12 Novembre 1870.

Le Préfet du Haut-Rhin :

(Signé) Grosjean.

Sauf ces renseignements, il ne se passe rien d'intéressant à noter jusqu'au soir ; le temps est mauvais ; à 10 heures du soir, j'apprends que le colonel de place vient d'annoncer qu'Orléans vient d'être repris aux Prussiens, et qu'il aura des détails demain à cet égard.

Lundi, 14 Novembre 1870. — Le rapport de la place contient un bulletin du journal *Le Jura*, de Porrentruy, portant :

Dépêche télégraphique de Berne :

Porrentruy, le 12 Novembre 1870.

Après une brillante victoire, les Français ont repris Orléans (détails manquent).

De plus, à la sous-préfecture une affiche porte :

La nouvelle de la reprise d'Orléans par nos troupes nous arrive de divers côtés ; sans être encore officielle, elle présente presque tous les caractères de la certitude. L'affaire aurait été très brillante. Nous aurions pris à l'ennemi deux canons et 600 hommes.

Belfort, le 14 Novembre 1870.

Le Préfet du Haut-Rhin :
(Signé) GROSJEAN.

Je reçois enfin des lettres et des journaux de Mulhouse ; ce sont les premières nouvelles de ce côté depuis l'investissement ; ce n'est que par ces lettres que nous apprenons la capitulation de Neuf-Brisach, qui se préparait depuis quelques jours par suite de celle du fort Mortier ; on ne savait pas un mot de cela à Belfort. Je m'empresse de communiquer tous les renseignements que j'ai à M. Grosjean, préfet, et aux rédacteurs du *Siège de Belfort,* qui en prennent communication avec une vive reconnaissance.

Dans l'après-midi, on lance du Château un petit ballon, porteur de lettres, dont le feu est calculé de manière à le soutenir cinq heures ; il prend la direction du Vallon.

Un jeune homme de Chaux qui vient au recrutement pour s'engager, nous apprend qu'il n'y a plus d'ennemis à Chaux, Valdoie, Eloye, mais que Sermamagny est encore occupé.

Mardi, 15 Novembre 1870. — Un extrait de l'*Industriel Alsacien* du 12, affiché à la sous-préfecture, et reproduit par *Le Siège de Belfort* du 15, donne quelques détails officiels sur la victoire d'Orléans. Dès le matin, nous apprenons qu'une sortie doit avoir eu lieu dans la nuit ; en effet, à 7 heures, on entend le canon. A 9 heures, les troupes qui ont fait la sortie rentrent; je réunis alors les renseignements : environ 2000 hommes, composés du 2ᵉ bataillon de la Mobile de la Haute-Saône et d'un bataillon du 84ᵉ, accompagnés de 20 hommes du génie militaire, et 20 hommes du génie de la mobile avec le sergent Weiss, entre autres (le tout commandé par M. Chapelot, commandant du 84ᵉ), devaient se lever à 2 heures du matin et se tenir prêts à partir à 3 heures ou 3 $^1/_2$ heures, 4 heures au plus tard, pour aller surprendre l'ennemi du côté de Bessoncourt, et démonter ses batteries. Une compagnie de 100 hommes du 45ᵉ était également en réserve, mais n'a pas donné. On part en retard; à la sortie, il faut encore attendre une heure l'artillerie (deux pièces de 4 et une de 12), si bien qu'au lieu de surprendre l'ennemi avant le jour, on n'arrive en sa présence qu'à 7 heures; de plus, on attaquait entre Pérouse et Bessoncourt la partie la plus forte des corps ennemis, une partie de ses forces étant encore masquée dans les carrières d'Offemont et de Chèvremont. Il s'ensuivit que le bataillon de la Haute-Saône, ne tenant pas solidement, la sortie dut se replier sous le canon des forts, sans lequel elle aurait subi des pertes très considérables, après avoir mis à l'ennemi quelques hommes seulement hors de combat[1]. Les trois pièces de canon, conduites par de l'artillerie de l'active, ont rendu également de sérieux services dans cette affaire, en démontant plusieurs canons ennemis (deux je crois). Nos pertes s'élèvent à 17 morts, parmi lesquels M. Lanoir, ancien capitaine de dragons, commandant le 2ᵉ bataillon de

---

[1] Les pertes de l'ennemi sont plus nombreuses qu'on ne croyait.

la Haute-Saône, frappé d'une balle à la tempe; ses hommes ne purent rapporter son corps et lui enlevèrent seulement son sabre, ses papiers et son képi; il laisse une veuve et deux enfants. De plus un autre officier de la mobile, lieutenant Périat, tué, et un capitaine du 84e, tué [1], et 28 blessés, parmi lesquels le sous-lieutenant Rossignol, du 84e, a eu un bras emporté, l'avant-bras droit fracassé par un éclat d'obus; on m'affirmait le soir du même jour que cinq de ces blessés avaient déjà succombé. Le sous-lieutenant a été amputé de l'avant-bras.

C'est ce soir que le génie a fondu son premier obus, non à la fonderie qu'il installe et qui n'est pas encore terminée, mais à une fonderie du faubourg. J'apprends que le 4e bataillon du Haut-Rhin (celui de Mulhouse) doit être aujourd'hui même à Lyon, et qu'il n'a pas encore donné. On m'assure aussi qu'un commandant en garnison à Belfort vient d'être révoqué pour incapacité. (N'a pas été confirmé.)

Mercredi, 16 Novembre 1870. — Dès le matin, un parlementaire (M. Wehrlin), accompagné d'un clairon (Jules Schwartz), va demander à l'ennemi, à cheval, l'autorisation de chercher les officiers tués la veille, c'est-à-dire M. Lanoir, commandant du 2e bataillon de la Haute-Saône, M. Perret et M. de Nerbonne, capitaines au même bataillon; cette autorisation est accordée. Le corps de M. Lanoir avait été laissé sur le parapet des retranchements ennemis, où, voyant ses hommes faiblir et voulant les ranimer par son

---

[1] Aucun capitaine du 84e n'a été tué, c'est du capitaine de Nerbonne de la mobile qu'il s'agit.

— 34 —

exemple, il s'était élancé en leur ordonnant de le suivre, et avait immédiatement été frappé d'une balle à la tempe. Le tort le plus sérieux dans la sortie d'hier, est d'avoir fait attaquer les retranchements par les troupes avant d'agir avec l'artillerie, au lieu de commencer par détruire par le canon les masses couvrantes, et d'attaquer ensuite le retranchement avec les hommes. Ce qui avait, dit-on, décidé le colonel Denfert à faire faire cette sortie, c'est que le bruit s'était répandu en ville qu'il n'en ferait pas et ne pouvait en faire; quelques-uns ajoutaient que l'on ne réprimait nullement le maraudage qui se faisait dans les villages environnants, et plusieurs allaient jusqu'à dire que la place était vendue comme Metz et d'autres; peut-être, suivant quelques suppositions plus ou moins fondées, l'ennemi a-t-il fait répandre lui-même ce bruit pour provoquer une sortie, alors qu'il était parfaitement préparé à le recevoir.

Dans l'après-midi, le 2ᵉ bataillon de la Haute-Saône, accompagné des principales autorités de la place, va, suivant l'autorisation donnée, rechercher le corps de son commandant et de ses deux capitaines; les Prussiens s'y étaient prêtés très convenablement, et participèrent même à la cérémonie en rendant les honneurs militaires à ces officiers; leurs tambours, les sabres des officiers étaient voilés de crêpe, et les corps furent remis dans des cercueils de chêne qu'ils avaient fait préparer. Ils rendirent spontanément les montres et l'argent trouvés sur ces officiers. Cependant, pour éviter toute surprise, un bataillon se tenait prêt, caché à peu de distance, à parer à toute éventualité, c'est du moins ce qui m'a été affirmé; espérons que l'ennemi a plus de confiance que cela en notre bonne foi, et que ce récit est exagéré.

Le colonel Denfert raconte à quelques personnes qu'un sergent-fourrier de la Haute-Saône sort presque chaque soir, en reconnaissance, avec une vingtaine d'hommes de son choix, et, s'attaquant spécialement aux sentinelles isolées, tue beaucoup de monde à l'ennemi; il aurait ainsi tué, de sa main, une soixantaine de sentinelles, au moins.

On cite également des faits assez nombreux accomplis dans des conditions semblables par les gardes nationaux sédentaires.

Suivant un bruit qui se répand en ville, un fils de Garibaldi, Menotti probablement, aurait infligé aux Prussiens un échec assez sérieux ces tous derniers jours, du côté de Gray ou dans ces environs.

Dans la soirée et la nuit, le canon de nos forts, principalement celui des Barres, se fait entendre à plusieurs reprises.

Jeudi, 17 Novembre 1871. — Valdoie a été incendié cette nuit, au moins en partie, par le canon de nos forts.

Rien de nouveau dans la journée. Le soir, je couche au bureau sur une paillasse jetée à terre, par précaution, car il vient d'être défendu à tout militaire quelconque de loger en ville; je dors assez bien, je dis assez seulement, car je suis à plusieurs reprises réveillé par les souris et les rats, et me réveille une fois, entre autres, sous l'impression de la visite d'un de ces derniers sur mon épaule.

Lors de l'investissement de Belfort, le 3 novembre 1870, la garnison se composait d'environ 16,000 hommes (26 novembre); voici le nom des corps de troupes:

CORPS DE TROUPE	Hommes	Chevaux
45ᵉ de ligne, dépôt (4 compagnies)	—	—
45ᵉ » 4 bataillons	—	—
45ᵉ » 35ᵉ régiment de marche .... }	1.560 présents	5
84ᵉ » 35ᵉ régiment de marche, 1 bataillon }		5
45ᵉ » 3ᵉ bataillon du 35ᵉ rég. de marche, chef de bataillon Herrmann.	—	2
1ᵉʳ bataillon (Mobile du Rhône) du 16ᵉ de marche, colonel Rochas, environ	1.400	2
2ᵉ » » » »	1.200	1
3ᵉ » » » »	1.200	—
1ᵉʳ » du 65ᵉ »	—	1
2ᵉ » » » »	—	2
1ᵉʳ » (Mobile de la Hᵗᵉ-Saône) du 57ᵉ de marche, dissous et réformé	—	2
2ᵉ » » » »	—	1
3ᵉ » » » »	—	1
4ᵉ » » » »	—	—
Dépôt du 1ᵉʳ batᵗᵒⁿ (Mobile du Ht-Rhin) du 68ᵉ rég. de marche, ⎫ ens. 377 combatᵗˢ	596 présents	—
» 4ᵉ » » » » ⎬		
» 5ᵉ » » » » ⎭		
2ᵉ bataillon (Mobile Saône-et-Loire)	—	—

— 37 —

2e » »	—	40
1re » »	—	2
2e » »	—	—
1er » d'artillerie mobile de la Haute-Garonne....	—	—
2e » » du Haut-Rhin	—	—
3e » » »	—	—
4e » » »	—	—
5e » » »	—	—
2e compagnie du génie militaire.................	137	26
» du génie de la mobile du Haut-Rhin 117, télégraphistes 20	—	—
2 compagnies francs-tireurs d'Altkirch	—	53
Gendarmerie	—	—
Guides douaniers de Mulhouse	105	—
Détachement du 7e chasseurs, service d'estafettes	8	8
» » lanciers et d'escortes............	4	4

Garde nationale sédentaire :

1re compagnie nationale mobilisée, capitaine Steenacker	—	—
2e » » capitaine Bornèque.........	1	—
3e » » capitaine Baudréau.........	—	—

A plusieurs reprises aussi le canon de nos forts se fait entendre dans la nuit, ainsi que le « Qui vive » de la sentinelle du poste placé sous le bureau du recrutement.

Vendredi, 18 Novembre 1870. — Pendant toute la journée, le canon se fait entendre à plusieurs reprises avec assez de suite dans diverses directions.

Il est pris des mesures de plus en plus sévères pour empêcher la circulation des militaires en ville; après l'ordre qui leur défend d'avoir des chambres, on vient d'en donner un qui les consigne constamment dans leurs camps ou cantonnements; même pour le service, il est défendu de circuler sans permission écrite. Pour les menus achats personnels, il sera donné à quatre hommes seulement par compagnie deux heures de permission, prises entre midi et 4 heures. Les bouchers ne pourront plus livrer de viande à la troupe; des mesures sont également prises pour qu'à partir de ce soir la viande soit distribuée à la troupe; cette viande se compose, par homme et par jour, de 200 grammes de lard salé ou de 200 grammes de viande fraîche ou bœuf salé; en raison de ces nombreuses distributions de salaisons, la ration de sel, par homme et par jour, est réduite de 16 à 12 grammes. Quant au prêt, il se trouve aussi modifié: il était, dans le principe pour les simples mobiles, par jour, de fr. 0.35 (prêt franc), (plus fr. 0.10 par jour, prime de travail allouée aux employés). Lors de la distribution des vivres de campagne (riz[1], sel, café, sucre), com-

---

[1] Le riz revient à l'Etat pour la troupe à fr. 0.16 par kilo.

mencée le 7, il fut réduit de fr. 0.10 ; aujourd'hui, par suite de la distribution de viande, il subit une nouvelle réduction de fr. 0.18.

Il vient d'être rigoureusement défendu de se mettre en bourgeois ; de fréquentes patrouilles de gendarmerie et un service d'observation (un sergent-major et un caporal, circulant le fusil en bandoulière), établis dans chaque quartier, assureront l'exécution de ces diverses mesures. Après 7 heures du soir, toute circulation de militaires isolés, même munis de permission, est strictement défendue.

Pour les sorties, il vient d'être décidé que l'on formera une batterie d'artillerie de campagne ainsi composée : quatre canons (un de 12, rayé de campagne, trois de 4, rayés de campagne), un caisson de 12, un de 4 ; ces six voitures étant attelées de vingt-six chevaux ; personnel : un capitaine, un lieutenant (ou sous-lieutenant), deux maréchaux-des-logis, deux brigadiers, treize conducteurs, vingt-un servants, un trompette (cette batterie a été augmentée plus tard de quelques hommes).

Les hommes qui sont revenus sans fusils de la sortie du 15, à Bessoncourt, vont être traduits en cour martiale.

Blanc, soldat au 45e, qui avait empêché, le 10 de ce mois, 500 Prussiens d'être faits prisonniers, vient d'être condamné par le conseil de guerre à cinq ans de travaux publics, par quatre voix contre trois demandant la mort. C'est un jeune homme de 18 ans, paraissant plus jeune encore, du Fourneau (faubourg de Belfort), et d'une famille où il n'a guère pu puiser de bons principes.

Ce soir, plusieurs bruits circulent en ville : d'après une lettre particulière, Dijon viendrait d'être repris par nos troupes. On annonce aussi qu'un paysan, venu ce matin, à 3¹/₂ heures, de la Suisse, qu'il aurait quittée à 11¹/₂ heures, aurait apporté une dépêche annonçant que l'armée de Paris a fait une sortie considérable, repoussé l'ennemi et débloqué la capitale jusqu'à Versailles et que le roi de Prusse et Bismarck n'auraient eu que le temps de s'échapper : 80.000 ennemis hors de combat. On dit de plus que Besançon vient d'être déclaré ville ouverte et que toute la garnison, le personnel et le matériel auraient été transportés à Lyon, où l'on croit que les Prussiens veulent se porter.

Samedi, 19 Novembre 1870. — Journée parfaitement insignifiante quant aux opérations militaires. Il n'arrive encore aucune confirmation des bruits de la veille. Un sergent, neveu de M. Wehrlé, principal du collège, venu pour être dirigé sur son corps, nous apprend que c'est le 7 courant que Verdun s'est rendu, nouvelle qui n'avait été donnée jusqu'ici que très vaguement par les rares journaux qui nous sont parvenus.

J'obtiens du capitaine de recrutement l'autorisation d'installer un lit militaire dans un coin du bureau ; et le soir je m'y installe avec tout le confortable que comporte la situation ; j'ai soin de blinder avec de solides coins en bois les quelques trous de souris et de rats que je puis découvrir, et je dors presque bien, à peine dérangé de temps en temps par les « Qui vive ? » du factionnaire et par quelques grattements de souris, explorant les travaux que j'ai faits dans la soirée dans ce qu'elles croyaient être leur domaine.

Dans la journée, le commandant d'artillerie Rohr affirme

au capitaine du recrutement qu'il est arrivé aujourd'hui par la poste quelques lettres et un journal, de Mulhouse ; quel est donc ce mystère ?

Dimanche, 20 Novembre 1870. — Journée aussi nulle que la précédente. Nous recevons au recrutement la visite d'un ancien vigneron, cuirassier échappé de Sedan, réincorporé à Paris, refait prisonnier étant en reconnaissance près de Paris. Il nous raconte qu'il a dû travailler aux fours installés par les Prussiens près de Marly-la-Ville pour faire cuire leur pain ; puis, devant être transféré en Allemagne, il s'échappa près de Nancy, en descendant dans les bois d'un train en marche ; les trains prussiens ne vont jamais très vite, car on craint les surprises et les pièges ; depuis quelque temps, ajoute-t-il, ils ont soin de prendre sur chaque locomotive des autorités des localités où ils passent, qu'ils laissent un peu plus loin pour en reprendre d'autres, afin que les populations ne soient pas tentées de provoquer des accidents, dont leurs compatriotes seraient les premières victimes. Il paraît que, de tous côtés, un grand nombre de prisonniers s'évadent (il en estime le chiffre à 100.000 hommes) de toutes les manières possibles, et que bien des maires tiennent des effets civils prêts pour ceux qui se présentent. Il ajoute encore que Soissons s'est rendu, vendu, suivant une opinion assez répandue, par le maréchal Vaillant, pour deux millions, et que, grâce au même maréchal, le Mont-Valérien a failli subir le même sort.

On nous dit que, depuis deux ou trois jours, l'arrivée à

Strasbourg, Schlestadt, Mulhouse, et en général dans toute l'Alsace, de tous les journaux allemands est interceptée, en raison de nouvelles sans doute peu satisfaisantes pour la Prusse qu'ils contiennent.

Le soir, le bruit se répand que 50 pièces de siège arrivent du côté de Masevaux : est-ce pour le siège de Belfort, ou iront-elles plus loin, dans le midi ? Qui vivra verra !

Lundi, 21 Novembre 1870. — Les opérations militaires se bornent à quelques coups de canon tirés de nos forts ; cependant on assure qu'on se bat à Montbéliard. Les Prussiens doivent avoir dit que c'est le 25 que Belfort sera bombardé ; s'ils veulent y arriver, il faudra qu'ils travaillent bien d'ici là pour se rapprocher assez. Un paysan de Chalonvillars, village occupé par 500 Prussiens, réussit malgré quelques balles que ceux-ci lui envoient, à amener à Belfort deux bœufs qu'il aime mieux vendre à bas prix que laisser à l'ennemi ; il les abandonne à 320 fr. pour la paire, qui vaudrait en temps ordinaire au moins 700 fr.

Au rapport de la place, on communique les deux ordres suivants relatifs à la reconnaissance ou sortie faite sur Bessoncourt le 15 :

ORDRE

M. le chef de bataillon Chapelot, du 84e de ligne, qui commandait la reconnaissance offensive sur Bessoncourt, m'a adressé son rapport détaillé sur cette affaire. Il résulte de ce rapport que les gardes nationaux mobiles du 2e bataillon du 57e régiment provisoire (Haute-Saône), au lieu de se porter en avant sans faire feu, aussitôt après l'ordre du mouvement donné, ont répondu au feu d'une vedette ennemie par une détonation aussi maladroite qu'inopportune. Cette détonation a averti l'ennemi sur toute la ligne, et il s'est présenté en force, derrière ses retranchements, ce qui a contribué beaucoup à l'insuccès de l'attaque.

Il résulte aussi du même rapport que les gardes nationaux mobiles du 3e bataillon du 16e régiment provisoire (Rhône), au lieu de suivre la route qui leur avait été indiquée pour opérer un mouvement tournant sur la droite de l'ennemi, se sont arrêtés aussitôt qu'ils ont vu la fusillade engagée, et sont venus prendre part à l'action en se mêlant sur notre gauche aux troupes qui opéraient de front ; ce qui a fait complètement manquer l'opération au moment où l'ennemi avait déjà commencé à évacuer le village.

Les gardes nationales mobiles de la Haute-Saône et du Rhône ont, dans cette occasion, par leur manque de discipline et de calme en présence de l'ennemi, empêché la réussite de la reconnaissance et augmenté considérablement nos pertes. Le désordre avec lequel ils ont opéré les a empêchés de soutenir leurs camarades les plus engagés ; et, sans que l'ennemi ait fait aucun retour offensif, environ 50 de leurs camarades, déjà arrivés probablement jusqu'au village, se sont trouvés isolés et ont été fait prisonniers.

Le colonel commandant supérieur croit devoir signaler ces faits par la voie de l'ordre. Ils doivent démontrer à tous l'absolue nécessité de la discipline la plus rigoureuse et de la stricte obéissances aux ordres des chefs. Plusieurs gardes mobiles de la Haute-Saône sont inculpés d'avoir abandonné leurs armes et fui en présence de l'ennemi. Ils seront poursuivis en conseil de guerre et jugés avec toute la rigueur que comporte la gravité de leur crime.

Belfort, le 21 Novembre 1870.

Le Colonel commandant supérieur:

(Signé) DENFERT.

ORDRE

Le colonel commandant supérieur signale après enquête comme ayant mérité aux yeux de leurs chefs et de leurs camarades une mention spéciale dans le combat du 15 devant Bessoncourt, les militaires dont les noms suivent:

M. Lanoir, commandant du 2e bataillon du 57e de marche, tué à l'ennemi, dont la vigueur et l'élan pour entraîner ses soldats ont été au-dessus de tout éloge.

M. Planson, sergent-fourrier à la 1re compagnie du 84e de ligne, qui, assailli par une vingtaine de soldats prussiens, au moment où, après la retraite commencée, il enlevait un blessé, s'est jeté sur l'ennemi, la baïonnette en avant et a eu la figure coupée d'un coup de sabre : disparu, probablement tué.

M. Rossignol, sous-lieutenant à la 4e compagnie du 2e bataillon du 57e régiment provisoire, qui a fait tous ses efforts pour entraîner ses hommes, en leur donnant l'exemple de la fermeté et du courage.

M. Rebert, soldat à la 4e compagnie du 84e, qui, après avoir été blessé au pied, a refusé de se retirer et a continué à prendre part au combat jusqu'à la fin.

Le colonel commandant supérieur fera connaître les noms de ces militaires au Gouvernement de la Défense nationale aussitôt qu'il pourra communiquer avec lui.

Belfort, le 21 Novembre 1870.

Le Colonel commandant supérieur :

(Signé) DENFERT.

Le génie travaille à la construction de mitrailleuses pour lesquelles il emploiera des canons de fusils à piston ; c'est à la fonderie du hameau de la Forge que ces travaux s'exécutent.

Il y a aujourd'hui trois mois que je suis à Belfort ; que d'événements depuis lors, et pourtant quels longs mois !

Mardi, 22 Novembre 1870. — Matinée insignifiante ; de midi à 3 heures, le Château, les Barres, l'Espérance, la Miotte, tirent sur Valdoie, où l'on dit qu'un certain nombre de Prussiens se sont installés, et ont même blindé certaines maisons ; malgré une trentaine d'obus envoyés de ce côté, le village, contre l'attente générale, n'est pas incendié.

On prétend que Kératry, à la tête des forces de Bretagne, a repris Dreux. On dit aussi que, d'après un journal, la Russie dénonce le traité de 1856, et que l'Angleterre l'Autriche et l'Italie s'opposent à ses prétentions : serait-ce le début d'une guerre européenne ?

Mercredi, 23 Novembre 1870. — Une lettre reçue par M. Martzloff, propriétaire de l'hôtel de l'Ancienne Poste, dit qu'à Porrentruy a été affichée une dépêche de Tours annonçant qu'une sortie a été faite de Paris, et que nous y aurions fait 30.000 prisonniers.

On assure que notre 4e bataillon a été dirigé sur Orléans, de Lyon, et est en route pour s'y rendre.

Vers 5 heures commence une vive canonnade de nos forts sur Cravanche et Valdoie; je monte sur le rempart et vois distinctement le feu d'une fusillade engagée à Cravanche même; puis une forte ondée vient calmer momentanément tout ce vacarme; on dit que les Prussiens, repoussés à peu de distance de Belfort par les Garibaldiens, ont été amenés ainsi par Essert, Chalonvillars, en présence du 35e de marche, qui occupait le Mont; on leur aurait pris deux pièces de canon, mais elles sont tellement embourbées que l'on n'a pu les ramener et qu'on a dû venir chercher à Belfort des chevaux pour les enlever; puis on n'en entend plus parler; par contre, la canonnade reprend de plus belle. Nous étions à dîner quand le capitaine de recrutement vient nous prévenir, le planton et moi, d'avoir à nous rendre à nos postes de combat, armés: le planton va rejoindre la compagnie hors-rang du 45e, sur la place d'Armes, où il reste avec les autres jusqu'à 10 heures, puis on les envoie se coucher tout habillés et prêts à faire mouvement à la première alerte; quant à moi, je vais aux informations chez des mobiles de ma compagnie hors-rang du dépôt du 4e bataillon du Haut-Rhin; j'apprends que, non seulement nous n'avons pas de postes de combat, mais que l'on refuse de donner des armes aux hommes de ma compagnie; tous employés d'administrations, et que l'on refuse d'en accepter comme volontaires. J'en conclus que mon poste de combat est dans mon lit, et vais me coucher; je dors, mais mon sommeil est interrompu à chaque instant par la canonnade qui ne désempare pas; décidément la grande musique est commencée !

Jeudi, 24 Novembre 1870. — La canonnade continue, toujours très vive, de tous nos forts : des incendies se déclarent à Valdoie et à Cravanche ; dans la journée, Essert est également incendié en grande partie ; on dit que la veille un sergent de la mobile du Rhône a eu le bras fracassé par un éclat d'un obus français, envoyé de la Justice[1]. A midi, on se proposait d'envoyer du renfort avec le chef de bataillon Herrmann sur le Mont, avec trois compagnies du Rhône et sept de la Haute-Saône (ce qu'on aurait dû faire dès la veille), quand on apprend qu'il est trop tard et que le Mont est occupé par les Prussiens ; dans cette circonstance, les trois compagnies mobiles du Rhône qui occupaient cette position depuis plusieurs jours, voyant les sept compagnies de la Haute-Saône (qui y étaient en punition depuis le même temps) se replier, furent obligées, pour dissimuler leur petit nombre, de se développer sur tout le terrain qu'occupaient les dix compagnies.

Dans l'après-midi on m'affirme que les Prussiens ne peuvent pas se maintenir au Mont, qui reçoit des obus de

---

[1] C'est le sergent Quinot, que j'ai vu plus tard à l'ambulance du Campement.

tous nos forts; je compte, en effet, de l'intérieur de notre bureau (où je n'entends pas tous les coups) une moyenne de trois coups, et même plus, par minute.

En revenant du rapport de la place, je vois deux pièces de canon, une de 4 et une de 12, qui reviennent du hameau de la Forge, encore brûlantes, malgré l'eau qu'on y avait versée pour les refroidir; un des artilleurs m'affirme que depuis 4 heures du matin la plus petite a tiré plus de 250 coups. Ces pièces sont immédiatement remplacées par deux autres du même calibre, qui partent avec le capitaine Veschêre pour aller soutenir un mouvement qui se fait entre Danjoutin et Sevenans; en effet, vers 4 heures, nous entendons canonnade et fusillade de ce côté; ce qui avait provoqué ce mouvement, c'est l'avis que Menotti Garibaldi était avec des forces assez considérables entre Sevenans et Châtenois, venant vers nous. Néanmoins, on ne réussit pas à opérer jonction avec lui; il a probablement été un peu retardé dans son mouvement.

Dans l'après-midi, plusieurs obus prussiens, envoyés par une batterie installée près de la ferme Lang, viennent éclater au hameau de la Forge; deux ou trois viennent même jusqu'à 2 ou 300 mètres de l'ouvrage à cornes de l'Espérance (on dit que ce sont de *nos* obus que les Prussiens nous envoient ainsi avec de *nos* pièces, le tout venant de Neuf-Brisach); vers 4 heures, cette batterie change de front et tire sur Chavannes, vers 5 heures, après une canonnade des plus suivies qu'on puisse entendre, qui avait duré trois ou quatre heures, tout se calme, et c'est à peine si l'on entend quelques coups dans la soirée; la nuit est tout à fait calme et chacun en profite pour se rattraper un peu du manque

Porte de France

de sommeil de la précédente. D'après ce que les Prussiens avaient annoncé, c'est à 3 heures que le bombardement aurait dû commencer.

Vendredi, 25 Novembre 1870. — On assure que le Mont a été repris par nous dans l'après-midi d'hier, par 3000 hommes du 84e et du 45e qui ont été envoyés; d'autres prétendent qu'il n'est occupé par personne, les Prussiens, lors de la retraite des quatre compagnies du Rhône, n'ayant pu s'y maintenir à cause de notre canonnade.

A 1 heure, on entend une fusillade vers l'Ouest; à 3 heures, une autre vers le Sud-Ouest (Danjoutin); le canon, installé sur la plate-forme de la caserne du Château, tire d'une façon suivie, dans l'après-midi, dans cette direction.

On dit que dans la journée d'hier et dans celle d'aujourd'hui, fort calme relativement, 1400 coups de canon (d'autres disent 1200) ont été tirés par nous.

Un officier prussien doit avoir dit à Mulhouse, que d'après les renseignements qu'ils avaient, Paris n'avait pas de vivres pour au-delà de mi-décembre, mais que, quant à Belfort, il leur faudrait bien trois mois pour le prendre.

Menotti Garibaldi est, avec des forces dont on ne nous peut dire l'importance, entre Beaucourt et Delle, à Badevel.

Samedi, 26 Novembre 1870. — Quelques coups de canon. Au rapport paraît un ordre d'après lequel les grand'gardes indiqueront par des signaux faits au moyen de fanions blancs et rouges la manière dont portent les coups de canon tirés de nos forts.

Un autre ordre signale aussi quelques gentillesses de MM. les Prussiens ; voici ce qu'il dit :

ORDRE

Les troupes sont prévenues que l'ennemi emploie toutes les ruses possibles pour dérouter nos troupes. Ainsi, au combat du Mont, le 23 novembre, les Prussiens ont fait sonner, par leurs clairons, la retraite de nos troupes ; la même ruse paraît avoir été employée, mais sur une échelle moins étendue, le 15, au combat de Bessoncourt. Des Prussiens vêtus de capotes analogues à celles de nos artilleurs, ont répondu : « France », au « Qui vive ? » de nos sentinelles, et ont ensuite fusillé nos troupes presqu'à bout portant. Une autre fois, ils se sont présentés vêtus de capotes provenant de cantonnements abandonnés et de pantalons rouges ; enfin on les a également entendu crier, le soir, lorsqu'ils s'approchaient pour l'attaque : « Ne tirez pas ; ce sont des mobiles. » Il importe donc que les commandants des détachements soient exactement informés des positions des troupes qui opèrent soit en avant d'eux, soit sur leurs flancs, de manière à ce qu'ils sachent exactement lorsqu'ils voient une colonne s'avancer sur un autre point, qu'elle ne peut être qu'ennemie.

Belfort, le 26 Novembre 1870.

Le colonel commandant supérieur :

(Signé) DENFERT.

Dimanche, 27 Novembre 1870. — Cette nuit dix-sept grand'gardes, mobiles de la Haute-Saône, se sont laissé

Compagnie du génie de la Mobile du Haut-Rhin   Siège de Belfort

CHARLES STEINBACH   GUST. MERKLEN   AUG. HAENSLER
caporal   sergent   sergent-fourrier
                     EMILE WEISS
                     sergent

enlever par l'ennemi, du côté de Bavilliers. Quelques coups de canon tirés dans la nuit, continués de temps en temps dans la journée.

Nous déménageons le bureau de recrutement et gagnons plutôt au change ; je continue à y avoir mon lit, même dans le nouveau bureau ; il est mieux placé que dans l'ancien.

Un ordre du commandant supérieur autorise les négociants, traiteurs, etc., à refuser aux militaires de tout grade la vente des denrées alimentaires de première nécessité, sel, pain, viande, légumes secs, etc., et à refuser de leur donner pension.

Le soir, grand repas à notre popote ; les sergents de recrutement ont invité M. Bonafous, l'ancien sergent de recrutement passé dernièrement sous-lieutenant, et deux anciens sergents du 45e, de leurs vieux amis ; les sergents du génie mobile ont invité un employé du bureau du génie. Nous sommes donc douze à table, car notre popote se compose maintenant des huit habitués suivants : MM. Diethelm et Dunstetter, sergents de recrutement, Edouard Doll, auxiliaire du même bureau, Jules Dormois, greffier à la prison, Gustave Merklen, E. Weiss et A. Hænsler (fourrier), sergents du génie de la mobile, Ch. Steinbach caporal de la même compagnie. Menu du susdit repas : soupe grasse, bouilli, filet rôti avec rognons, salade, fromage de Munster, vin rouge et vin blanc ; café et cognac.

Lundi, 28 Novembre 1870. — Quelques coups de canon sont tirés de nos forts pendant la nuit ; la canonnade continue, mais sans grande activité, dans la journée. Dans l'après-midi, cependant, elle finit par devenir très suivie ;

on a appris que les Prussiens se fortifient derrière les maisons de Valdoie et dans ou derrière l'église, et que, une fois leurs batteries installées, ils mettront le feu aux maisons qui les cachent et, par leur démolition, se trouveront tout installés pour nous canonner; aussi, dans l'après-midi, notre feu se dirige-t-il presqu'exclusivement sur Valdoie, où plusieurs incendies se déclarent; cette canonnade doit singulièrement déranger l'établissement des batteries ennemies.

Mardi, 29 Novembre 1870. — Le canon qui a passablement grondé cette nuit, surtout avant minuit, était occupé à soutenir quelques troupes envoyées comme renfort à Bellevue, où les Prussiens ont tenté une attaque vers 11 heures, attaque qui a été repoussée. Ils ont envoyé un ou deux obus au Fourneau (faubourg de Belfort). Dans la journée ils s'installent à Bavilliers où l'on dit qu'ils ont d'assez fortes pièces; des paysans essaient même de faire croire au commandant de place (colonel Jaquemet), qui en parle au rapport, que les Prussiens comptent installer de ces canons sur le clocher de Bavilliers (!). Mais, dans l'après-midi ou la soirée, on doit tirer sur Bavilliers avec des mortiers, ce qui arrêtera bien leurs projets.

Un détachement ennemi se trouvait dans un bas-fonds, à l'entrée d'un bois, près de Bavilliers; grâce à cette situation, nos projectiles ne pouvaient que passer par-dessus; mais bientôt on leur envoya du Château quelques obus adroitement pointés et réglés de manière à éclater juste en passant au-dessus du bas-fonds, ce qui réussit parfaitement.

Des éclaireurs envoyés à Valdoie, en rapportent que cette

localité est complètement évacuée, aussi bien par l'ennemi que par les habitants, et qu'ils n'y ont rencontré qu'un chien, qui ne cessait d'aboyer; l'ennemi dérangé par notre artillerie, n'avait pu faire les travaux qu'il projetait.

On raconte que les Prussiens nous ont envoyé un parlementaire, cet après-midi.

Ce soir nous l'avons échappée belle: on a failli enlever leur chambre aux sous-officiers de recrutement, et leur faire installer leurs lits au bureau; heureusement que le capitaine est intervenu à temps, sinon nous aurions pu dire adieu à la popote, impossible au bureau, au moins pour d'autres que les employés.

Dans la soirée on nous dit que le génie vient de blinder la route de la gare à Bellevue de telle sorte que l'on y soit à l'abri d'une fusillade; on s'est servi, pour ce travail, de rails de traverses du chemin de fer.

Mercredi, 30 Novembre 1870. — Rien d'intéressant dans la matinée; l'après-midi, vers 3 heures, douze mortiers placés à Bellevue se mettent à envoyer des bombes sur Bavilliers, occupé par l'ennemi; à $3^1/_2$ heures, cette localité était, paraît-il, complètement évacuée. Pendant que l'ennemi opérait sa retraite sur Argiésans, les canons du Château lui envoyaient encore quelques boîtes à balles, sortes d'obus doubles, dont la partie remplie de balles éclate en l'air et disperse les balles en éventail, tandis que l'autre partie, obus ordinaire, éclate en arrivant à terre[1].

---

[1] Cette description n'est peut-être pas exacte: il s'agit probablement de shrapnels.

La veille on avait envoyé sur le bois Lehmann, près Bavilliers, d'où l'on voulait déloger les Prussiens, quelques bombes à pétrole pour incendier ce bois, projet auquel on ne tarda pas à renoncer. On doit aussi incendier, par nos forts, la maison commune de Valdoie, qui cache des travaux ennemis. Il en est de même, paraît-il, de la maison du maire de Bavilliers.

Sept obus coulés à la fonderie du génie ont été tirés cet après-midi de Bellevue, et pointés par Rodolphe Kœchlin, capitaine du génie de la mobile ; sur ces sept, six ont parfaitement porté, au milieu de colonnes ennemies en mouvement. Le génie arrivera à fondre 200 projectiles par jour, qui compléteront l'alimentation des 400 (?) bouches à feu de la place, déjà pourvue de 400 (!) projectiles pour chacune.

Plusieurs bruits, très vagues, circulent en ville : La République aurait été proclamée en Prusse, où Guillaume et Bismarck ne pourraient rentrer ; le quartier général prussien aurait été transporté de Versailles à Châlons ; d'autres disent au contraire que Paris aurait capitulé.

Jeudi, 1er Décembre 1870. — Dès le matin, on trouve affichés à la sous-préfecture les renseignements suivants :

DERNIÈRES NOUVELLES PARVENUES A LA PRÉFECTURE
ET EXTRAITES DE DIVERS JOURNAUX.

La victoire d'Orléans a été connue à Paris le 16 novembre ; elle a causé une joie profonde. La confiance et l'union règnent partout. Les vivres abondent.

Les positions ennemies sont journellement reconnues autour de Paris, à la suite d'engagements partiels heureux.

Besançon est dégagé : son ravitaillement s'opère dans de bonnes conditions.

Des forces françaises occupent la rive gauche du Doubs aux environs de Montbéliard.

Thionville et La Fère ont capitulé.

A la suite de l'affaire de Dreux, le duc de Mecklembourg a marché sur Le Mans à la tête de 50.000 hommes.

Ce mouvement a été enrayé à la suite d'un combat heureux pour nos armes, et qui a forcé les Prussiens à battre en retraite.

A la date du 26 Novembre, une dépêche télégraphique de Tours ne signalait rien d'important, ni à Paris ni sur la Loire.

Un télégramme de Bruxelles annonce qu'il régnerait à Berlin une certaine inquiétude, vu la tournure des choses devant Paris.

Belfort, 30 Novembre 1870.

Le préfet du Haut-Rhin :

(Signé) J. Grosjean.

La nuit dernière, on a tiré de nombreux coups de canon ; on a entre autres fréquemment entendu St-Joseph ; c'est ainsi qu'on appelle à Belfort une grosse pièce de 24, placée à la batterie avancée du Château, que les Prussiens appellent le Nid de Cigognes.

Dans la journée, le capitaine nous apprend que, le temps étant très clair (et froid), on vient de constater que l'ennemi a installé 4 batteries sur le Mont, dont l'une est entièrement terminée : on aurait, en conséquence, donné à nos forts l'ordre de tirer, depuis 10 heures du matin, à outrance dans cette direction. Dans la soirée on affirme au contraire que le Mont, pouvant être balayé par le feu de nos forts, n'est occupé par personne, et, en effet, ce qui donne raison à cette dernière version, nos forts ne tirent presque pas.

On affirme que les Prussiens viennent de télégraphier à leur roi que la place et les forts de Belfort sont en leur pouvoir, à l'exception du Château. D'un autre côté l'on dit que M. Favret, du *Siège de Belfort*, a reçu l'avis qu'on se bat devant Paris depuis trois jours, que Garibaldi vient de remporter un succès du côté de Besançon, et a fait 500 prisonniers ; on dit encore que le général de Treskow, avec une partie de son armée, aurait quitté Belfort, pour se porter rapidement dans la direction de Paris. Nous apprenons aussi, par des lettres particulières que Mulhouse est toujours occupé, et que les Prussiens y ont installé préfet, maire, etc., que 500 mobilisés en sont partis pour Lyon, où ils sont très bien installés dans un couvent de moines qu'on a fait évacuer à leur intention. Belfort passe à Mulhouse pour avoir fait éprouver déjà des pertes considérables aux Prussiens.

On dit que l'ennemi a réparé le viaduc de Dannemarie.

Par notre capitaine, adjoint à l'intendance depuis hier, nous apprenons que les provisions de bestiaux de Belfort se composent de 800 bœufs, qui ont coûté 100.000 fr. d'achat, 24 veaux et 99 ou 100 moutons ; on abat 17 bœufs par jour pour la nourriture de la troupe. Ces bestiaux ont, jusqu'à présent, été très mal soignés et ont beaucoup maigri depuis qu'ils ont été achetés ; ils sont logés dans les écuries de plusieurs casernes et à Pérouse, en dépôt chez les paysans, qui, outre leur nourriture, reçoivent 0,10 fr. par jour.

Vendredi, 2 Décembre 1870. — A midi, vive canonnade du côté des Perches et de Bellevue : on tire sur Bavilliers où les Prussiens cherchent à s'établir ; au bout de peu de temps ils y renoncent.

Nous arrivons à nous procurer, par E. Weiss qui travaille au hameau de la Forge à la confection des mitrailleuses, 2 sacs de pommes de terre (à 1.50 fr. le double décalitre) : c'est une bonne ressource, car les vivres deviennent chers : exemples : beurre 3.25 fr. la livre, œufs 0.20 à 0.25 fr. pièce, mouton et porc 1.25 fr. la livre ; le bœuf se maintient à 0.60 fr. la livre. Néanmoins, il se confirme que Belfort a des vivres pour très longtemps, 6 mois au moins ; en fait de munitions, outre les projectiles mentionnés hier, il y aurait, si la poudre venait à manquer, 80,000 kilos de poudre de mine, dans les mines du Château destinés à le faire sauter au besoin, et que l'on pourrait employer, s'il le fallait, pour le tir.

Dans la soirée, il se confirme qu'il y a eu une affaire sérieuse devant Paris : nos pertes y seraient de 25,000 hommes hors de combat ; celles des Prussiens de 50,000 hommes hors de combat, et autant de prisonniers faits par nous. M. Basilis, naguère encore gros-major du 4e à Belfort, y aurait été très grièvement blessé, à la tête d'un régiment de marche dont il était lieutenant-colonel, et aurait dû être immédiatement remplacé. D'un autre côté, on dit qu'une partie de l'armée assiégeante a effectivement quitté, probablement pour se porter vers Paris, laissant 25,000 hommes autour de la place. De nombreux engagés russes doivent aussi avoir été rappelés de l'armée prussienne, par suite des affaires d'Orient.

Samedi, 3 Décembre 1870 (1er jour de bombardement). — A 4 heures du matin, on est réveillé par une très vive canonnade, qui se continue par au moins $1\,^1/_4$ coup par minute, en moyenne (évaluation faite de mon lit, d'où je n'entends pas tout); cela dure ainsi environ $1\,^1/_2$ heure, puis il y a plus de calme jusqu'à 8 heures. Alors la canonnade reprend de plus belle et continue avec une intensité que j'évalue à une moyenne de 5 coups, au moins, par minute, d'après ce qu'il m'est possible d'entendre de l'intérieur du bureau, au milieu du bruit de la rue : à déjeuner, nous apprenons que les Prussiens ont installé deux batteries, à Bavilliers et à Essert, et, depuis $7\,^1/_4$ heures, couvrent de projectiles Bellevue (où nos hommes ont peine à se maintenir) et la gare, que les travailleurs du Génie quittent bientôt ; de nombreux obus arrivent autour de l'Arsenal et de la poudrière, parfaitement blindée, au faubourg du Fourneau et quelques-uns arrivent en ville, du côté de la place d'Armes : deux entre autres atteignent la caserne de la porte de France (Génie), l'un frappant le mur, l'autre le toit, vers midi, quelques instants avant une petite excursion que je vais faire — avec quelques précautions — sur le rempart, auquel est adossé cette caserne et sur celui qui protège la nôtre, faisant angle droit avec la première.

On nous dit à midi qu'une de nos pièces a été démontée au fort des Barres par le feu de l'ennemi ; néanmoins, notre feu continue des forts du Château, des Perches, de Bellevue, des Barres, tandis que celui de l'ennemi semble se calmer un peu. Le nôtre se ralentit aussi petit à petit (à 1 heure, trois coups par minute), le calme était presque complet à 1 1/2 heure ou 2 heures ; bientôt le tir de l'ennemi devient plus exact et il arrive des obus dans diverses parties de la ville, dans le courant de l'après-midi et de la soirée ; après dîner, nous apprenons que sur treize pièces mises en batterie par l'ennemi, neuf ont été démontées, assure-t-on, par les nôtres, que la pièce que l'on disait démontée aux Barres n'a eu que son affût endommagé et un de ses artilleurs blessé ; de plus, deux hommes du génie actif et du génie mobile ont été blessés, l'un aux Basses-Perches, l'autre sur le pont de la Savoureuse, en rentrant en ville. Des Barres nous avons tiré avec des mortiers de 32, qui portent, avec exactitude, à environ deux kilomètres. Les Prussiens aussi ont employé les mortiers contre Bellevue.

Dans la soirée, la neige tombe et couvre le sol de quelques centimètres ; on entend alors à peine le bruit des coups de canons, le sifflement des projectiles étant d'autant plus distinct quand ils passent à une faible distance. Voilà le résumé de la première journée de siège sérieux, juste un mois après l'investissement.

Vers 7 ou 8 heures, un artilleur de la batterie de campagne qui a été à l'affaire de Sevenans du 24, nous raconte que, sans deux gamins munis de trompettes par les Prussiens pour les prévenir de l'approche des Français, ils auraient pu s'emparer de l'état-major prussien ; que leur batterie de campagne a fait beaucoup de tort à l'ennemi, tuant, entre autres, d'une seule fois sept chevaux et 5 hommes, et brisant un affût; 200 uhlans, venant en reconnaissance durent se replier et subirent de fortes pertes de l'artillerie; quatre pièces abandonnées par l'ennemi, auraient pu être ramenées si l'on avait été prévenu à temps de leur position.

Enfin nous pouvons, avant de rentrer, prendre copie de la dépêche suivante, qui circule en ville:

30 Novembre 1870. — Le Conseil fédéral au Colonel fédéral à Porrentruy:

Les généraux de Kératry et Fiereck ont brossé le duc de Mecklembourg et le général von der Tann auprès du Mans. Déroute complète.

Une dépêche prussienne confirme cette nouvelle de la manière suivante:

Le général von der Tann et le duc de Mecklembourg ont été repoussés avec grandes pertes.

A $8 \frac{1}{2}$ heures, au moment où nous rentrons, les obus ennemis recommencent à nous arriver en grand nombre.

Dimanche, 4 Décembre 1870 (2e jour de bombardement). — Le bombardement (par obus) a continué toute la nuit et continue toute la journée, avec plus ou moins d'intensité; il atteint successivement à peu près toutes les parties de la ville, notre caserne de l'Espérance reste épargnée, se trouvant adossée à un rempart et située dans le sens du feu de l'ennemi, qui, pour l'atteindre devrait raser la caserne de la porte de France (génie) et le rempart auquel elle est adossée; dans la nuit cependant un éclat de projectile sans force vient frapper ma porte en ricochant. Le feu est dirigé plus spécialement sur le magasin à fourrages que les Prussiens croient plein et qui venait d'être complètement vidé, sur la poudrière, également vidée, par suite de l'enlèvement de quelques caisses de cartouches qui y restaient, puis sur toutes les parties du Château.

A 11 heures du matin, le feu prend au magasin à fourrages ; après qu'on eut travaillé une partie de l'après-midi à l'éteindre, quoique le feu n'ait pas eu grande vivacité, il n'en reste guère que les quatre murs et une petite partie du toit. A 2 heures, une meule de paille brûlait dans un fossé, et un commencement d'incendie se déclarait près du pavillon H, au pied du Château, mais était facilement maîtrisé ; c'est dans ce pavillon que logent les quelques hommes de ma compagnie qui ne sont pas employés en ville ou ne logent pas dans leurs bureaux.

Chacun s'étonne du peu d'activité de notre feu pour répondre à celui de l'ennemi ; on l'attribue assez généralement, à tort ou à raison, à la fête de Sainte-Barbe, fête des artilleurs, qu'ils ont peut-être un peu trop voulu célébrer, malgré la gravité des circonstances.

Dans la soirée, on affirme que les Prussiens reçoivent un nouveau convoi de fortes pièces de siège. On nous apprend aussi que Bellevue a été à peu près complètement abandonné par les mobiles de la Haute-Saône. On aurait pu facilement, sans déranger personne, y charger une ou deux voitures de fusils et les ramener en ville ; heureusement que les Prussiens, ignorant sans doute combien cette position est, hélas, peu défendue, ne viennent pas l'attaquer.

Lundi, 5 Décembre 1870 (3e jour de bombardement).
— A 4 heures du matin, le 3e bataillon du 16e régiment de

marche (mobiles du **Rhône**, déjà cités pour leur courage) va occuper Bellevue. La nuit a été relativement calme, quoique les obus continuent à pleuvoir, ainsi que pendant toute la journée. Vers le milieu du jour, on nous dit que 64 maisons ont déjà été atteintes ; le Château, qu'on croyait généralement ne pas pouvoir être atteint, en raison de sa haute position, reçoit sa part (une masse d'obus tombent même sur la partie postérieure, en passant par-dessus ; d'autres vont jusqu'aux Hautes-Perches), mais il résiste bien et ne sera, malgré tout, guère défiguré. Quant aux personnes, le nombre des blessés, tant parmi les militaires que parmi les civils, est relativement très modéré.

On affiche en ville, et l'on communique aux troupes de la garnison la Proclamation suivante :

PROCLAMATION

« L'heure du péril est venue, et avec elle l'heure des dévouements. Je connais trop votre patriotisme pour avoir besoin de lui faire un suprême appel. La population civile et la population militaire, unies par les liens d'une entière et légitime confiance, seront dignes l'une de l'autre dans la lutte commune qu'elles sont appelées à soutenir.

« L'histoire dira un jour que les lâchetés et les trahisons de Sedan et de Metz ont été rachetées par le courage de Belfort ; elle dira qu'il ne s'y est rencontré ni un soldat, ni un habitant pour trouver au jour du danger les sacrifices trop grands ou la résistance trop longue ; elle dira enfin que tous, sans hésitation et sans défaillance, nous avons serré nos rangs au pied de notre Château ; c'est pour nous aujourd'hui plus qu'une forteresse ; c'est la France et l'Alsace : c'est deux fois la patrie.

Hôtel de ville et Château de Belfort

Citoyens! que chacun de vous remplisse son devoir à ce cri, qui était autrefois un gage de la victoire et qui la ramènera sous nos drapeaux : « Vive la République ! »

Le préfet du Haut-Rhin :
(Signé) J. GROSJEAN. »

Au rapport de la place, qui a transféré son bureau à la porte de Brisach, je reçois à 2 heures communication des nouvelles suivantes :

Dépêche télégraphique de Berne :

« Tours, le 1er Décembre : Les corps francs des Vosges ont eu un engagement cette nuit avec l'ennemi, ils ont remporté une victoire complète ; les pertes des Prussiens sont considérables.

« Les Prussiens ont évacué Vendôme.

« Tours, le 2 Décembre : Le général Ducrot a fait une sortie le 30 avec 100,000 hommes ; il a passé la Marne : la sortie a eu un heureux résultat ; le bruit court que Paris est débloqué. »

On assure qu'une dépêche de Tours, signée de Gambetta, vient de confirmer aux autorités de Belfort ces heureuses nouvelles.

Un peu plus tard, on me communique une dépêche venue de Porrentruy, confirmée par dépêche reçue à la station télégraphique de Dampierre-s/Doubs, et reçue à Montbéliard, ainsi conçue :

« Ce soir 2 Décembre, 6 heures du soir :

« Trochu a fait sortie 29 et 30 novembre ; grande bataille, grande victoire.

« Châteaudun : L'ennemi battu et notre armée victorieuse. Trois grandes victoires. »

Décidément, si les Prussiens veulent prendre Belfort avant de plier bagages, ils auront à se hâter !

Dans la soirée j'apprends que les glacis et les terrains situés derrière le Château, du côté de Pérouse, n'ont pas reçu « quelques obus », ainsi que je le disais au commencement de cette journée, mais sont comme labourés à la charrue.

Aujourd'hui, l'on a pris un caporal prussien, Polonais d'origine, qui était en patrouille et dont les hommes ont été tués ; il s'est rendu très facilement et était enchanté d'être prisonnier ; il a immédiatement demandé que l'on écrivît à sa femme pour la rassurer ; on a également eu de lui les renseignements suivants : les Prussiens, qui, dans le principe, étaient au nombre d'environ 30,000 autour de Belfort, ne sont plus guère qu'au nombre d'environ 8000, soit une division ; ils ont, pour paraître moins peu nombreux, remplacé à bien des endroits les factionnaires par des mannequins.

On assure qu'il est arrivé un parlementaire annonçant que, si d'ici 24 heures la ville ne se rend pas, elle sera bombardée avec des bombes cette fois et incendiée avant cinq jours. Bellevue qui, dans la nuit du 4 au 5, avait à peine quelques défenseurs, contribuera peut-être à les empêcher de mettre ce projet à exécution ; hier, en effet, tandis que l'ennemi couvrait cette position de projectiles, notre feu y répondait avec une activité de moins en moins grande et cessa même complètement ; l'ennemi crut avoir démonté nos pièces ; il tira très peu de ce côté aujourd'hui et l'on en profita pour préparer le blindage des huit pièces de cette redoute, blindage (par des rails et des traverses, système prussien) qui doit être terminé cette nuit et permettra d'ouvrir un feu actif sur l'ennemi sans avoir beaucoup à souffrir du sien. Les 60 pièces du fort des Barres joindront probablement leur action à celles de Bellevue.

On annonce que le 2e bataillon de la Haute-Saône, qui occupait Bellevue, va être entièrement dissous, le commandant Lang, qui a remplacé M. Lanoir, et quatre ou cinq officiers conservant seuls leurs grades ; c'est une rude leçon ! Ces mobiles seraient plus tard réintégrés par fractions dans d'autres bataillons.

Les obus continuant à arriver en grand nombre, la circulation diminue beaucoup dans les rues, et l'on n'y voit guère que des militaires, faisant leurs exercices ; beaucoup de maisons sont partiellement blindées, beaucoup de ménages installés dans les caves ; on nous en cite qui renferment une trentaine de personnes. Celles de l'église et de l'Hôtel de ville renferment 250 à 300 personnes chacune.

Mardi, 6 Décembre 1870 (4e jour de bombardement). — Le bombardement (par obus), interrompu, hier soir, pendant environ trois heures, a repris vers 8 $^1/_2$ heures et continue toute la nuit ; le feu est cependant moins nourri, et cette nuit nos forts y ont plus fréquemment répondu. Mon ancienne chambre, maison Weitmann, reçoit dans la nuit un éclat d'obus ; celle de Rodolphe Koechlin, située au-dessous, a quelques vitres brisées par la même secousse. Ce matin, le fort des Barres reçoit, paraît-il, un certain nombre de bombes.

Au rapport de la Place, à 9 heures, on communique la proclamation de Gambetta, confirmant les batailles de Paris datée du 1er Décembre. On donne également toutes les indications pour le service des incendies qui pourront se déclarer dans les bâtiments atteints par les projectiles.

On dit que les Prussiens ont ordonné l'évacuation de l'hôpital militaire de l'Espérance, qui gêne leur ligne de tir.

De midi à 4 heures après un bombardement ordinaire depuis le matin, commence la canonnade la plus vive des deux parts que nous ayons encore eue; le sifflement des obus se confond en un seul, les détonations se suivent à des intervalles très rapprochés, quoiqu'on ne les entende pas toutes : il faut avoir assisté à pareil spectacle pour s'en faire une idée! Les projectiles suivent toujours les mêmes directions, de sorte que dans les rues de l'intérieur de la ville on les évite assez facilement; aux Barres, c'est une vraie grêle, aussi y a-t-il passablement de blessés parmi les artilleurs de la mobile du Haut-Rhin, dont un capitaine, et le service des pièces est-il presque impossible; dans la nuit ce fort a reçu quelques bombes, une, entre autres, de 32 qui n'a pas éclaté; la «Maison des Sœurs», dans la haute ville, a déjà reçu 17 obus et a eu deux commencements d'incendie; la brasserie Schmidt, au faubourg, est en feu à midi; à 3 $^1/_2$ heures un obus éclate en plein dans la maison où est le Café de la Réunion, à vingt pas de notre bureau; on éteint facilement le commencement d'incendie qui en résulte.

On dit que l'armée de Besançon vient vers Belfort pour nous aider.

On m'apprend qu'à Mulhouse les Prussiens font pour chacun de leurs hommes, estimés à environ 1000, une réquisition de fr. 3.50 (?) par jour, et que, ces jours derniers, ils ont exigé du champagne pour célébrer une soi-disant victoire qu'ils auraient remportée sur l'armée de la Loire.

Vers 5 heures, un obus tombe sur le talus du rempart auquel est adossée notre caserne et y fait un trou assez profond en éclatant.

Plusieurs personnes ont été mises en émoi aujourd'hui par un homme qui faisait à plusieurs reprises des signaux avec un mouchoir blanc par une des fenêtres du Château; ces signaux, mal interprétés par ces personnes, étaient destinés à prévenir un autre ouvrier, travaillant à un blindage au pied du Château, lorsque, par suite d'un coup de canon tiré par l'ennemi et vu par l'homme au mouchoir, le travailleur devait se mettre à l'écart pour éviter l'arrivée du projectile envoyé.

Un nouveau prisonnier fait aujourd'hui confirme à peu près les renseignements donnés par celui d'hier; cependant il croit qu'il y a une division et demie autour de Belfort.

La soirée est plus calme.

Mercredi, 7 Décembre 1870 (5ᵉ jour de bombardement). — La soirée et la nuit ont été plus calmes; no... ayant répondu plus vivement que les jours précédents au feu de l'ennemi, on assure que les ennemis ne tiraient plus hier soir qu'avec deux pièces, les autres ayant été démontées. On a prétendu aussi que l'on a vu distinctement avec une longue-vue les ennemis emmener 26 voitures de blessés.

Ce matin, on affirme qu'on se bat à Danjoutin, qu'on a entendu une fusillade de ce côté; on doit avoir envoyé, dans la nuit, de nos troupes dans cette localité; quelques personnes croient que c'est entre les Prussiens et les Français venus de Montbéliard ou Besançon que ce combat est engagé.

L'église reçoit plusieurs obus; l'horloge est détraquée, une balustrade de la tourelle a été enlevée, une colonne de la façade est brisée; non loin de là, dans une maison, une lucarne de mansarde est enlevée en partie de la charpente qui la soutenait; le trou est de deux ou trois mètres carrés au moins.

Au rapport de la place, on communique les ordres suivants :

ORDRE

Dans la nuit du 3 au 4 décembre, le 2ᵉ bataillon de la Haute-Saône a donné l'exemple le plus déplorable, les hommes pour ne pas travailler, opposant la force d'inertie ou s'esquivant, plusieurs officiers, au lieu d'exciter leurs hommes et de leur donner l'exemple, se sauvant eux-mêmes et ne s'occupant de rien, à tel point que le commandant, quelques officiers du bataillon et deux officiers du génie présents dans le fort ont dû eux-mêmes avec trois ou quatre hommes mettre la main à l'œuvre pour éteindre l'incendie qui menaçait les abris.

Dans cette situation qui rend indispensable l'institution d'une cour martiale dans le bataillon, le colonel commandant supérieur, obligé de pourvoir aux nécessités de la défense, prononce la dissolution du bataillon.

Les officiers et sous-officiers de ce bataillon, signalés comme s'étant mal conduits, perdront leurs grades et fonctions et redeviendront simples gardes mobiles.

Il sera formé immédiatement un nouveau bataillon qui prendra le N° 2 du 57ᵉ régiment provisoire, et dont les cadres seront pris parmi les officiers et sous-officiers conservés, et dans les autres bataillons de gardes mobiles de la garnison. Les hommes seront également pris en partie dans ces autres bataillons.

Le présent ordre sera lu à toutes les troupes de la garnison.

Belfort, le 6 Décembre 1870.

Le Colonel commandant supérieur :

(Signé) DENFERT.

ORDRE

Le colonel commandant supérieur apprend à l'instant que des hommes ont voulu dévisser eux-mêmes un projectile ennemi tombé dans le Château et qui n'avait pas éclaté. Ils s'y sont pris maladroitement et ont fait éclater le projectile. Il y a eu deux tués et plusieurs blessés.

Le colonel commandant supérieur ne saurait trop recommander aux hommes de s'abstenir de toucher les projectiles qui n'ont pas éclaté. Il faut laisser à l'artillerie seule, qui sait prendre les précautions nécessaires, le soin d'enlever les projectiles et de les décharger ensuite pour que nous n'ayons pas de nouveaux accidents à déplorer.

Belfort, le 7 Décembre 1870.

Le Colonel commandant supérieur :

(Signé) DENFERT.

Je reçois aujourd'hui des nouvelles de Mulhouse, j'en attendais avec une vive impatience, n'ayant reçu aucune lettre depuis le 14 novembre et ne sachant si les miennes étaient arrivées ; c'est, à mon avis, une des conséquences les plus pénibles d'un investissement et d'un siège, de ne pas avoir de nouvelles de sa famille et surtout de ne pas savoir si les nouvelles que vous avez essayé de lui envoyer pour la rassurer, lui seront parvenues pour calmer les inquiétudes qu'elle n'aura pas manqué d'avoir à votre égard.

On affirme que le colonel Denfert a reçu des preuves certaines qu'avant deux jours une armée de secours arrivera à Belfort, venant de Besançon, sans doute.

Le feu de l'ennemi, quoique continu, semble avoir été un peu moins vif aujourd'hui. Le sous-intendant, dans sa casemate, a été légèrement blessé à la tête aujourd'hui. Une bombe d'environ 27 cm de diamètre, lancée par l'ennemi, est venue éclater près de la porte de France, en l'air, au-dessus de l'hôtel de l'Ancienne Poste. Il en est, dit-on, tombé plusieurs autres dans les faubourgs. Une estimation qu'on dit faite par les officiers des différents forts, évalue à 40,000 le nombre des projectiles envoyés par l'ennemi dans les cinq jours de bombardement que nous avons eus [1].

On dit très positivement dans la soirée que ce matin, à 3 heures, un détachement du 3ᵉ zouaves était à Châtenois (à 9 ou 10 kilomètres de Belfort, dans la direction du Sud), comme avant-garde d'un corps d'armée, qui devait y arriver ce soir même ; ce corps a été évalué à environ 20,000 hommes, et on le dit commandé par Garibaldi lui-même. M. Denfert aurait été prévenu de deux côtés différents (?) de ces faits ; puissent-ils se confirmer.

Jeudi, 8 Décembre 1870 (6ᵉ jour du bombardement). — Après un arrêt presque complet dans la soirée d'hier, arrêt qui a lieu à peu près tous les soirs de $4\frac{1}{2}$, 5 heures à environ 8 heures, la nuit a été assez calme ; quelques très fortes détonations se sont cependant fait entendre, plusieurs d'entre elles provenant de nos canons.

A 8 heures du matin, un obus éclate dans une maison de la rue Lecourbe, au bout de laquelle est notre caserne ; un éclat arrive jusqu'à la porte de mon bureau ; dans la journée, plusieurs maisons de cette rue ont beaucoup à souffrir dans leurs étages supérieurs. A 10 heures, M. Delouis, employé du génie, qui dînait avec nous dimanche soir, 27 novembre, meurt, frappé à la tête d'un petit éclat d'obus, en traversant la place.

On raconte que, hier soir, 400 zouaves sont arrivés près de Danjoutin, ont surpris l'ennemi et lui ont enlevé trois

---

[1] Je crois ce chiffre très exagéré, au moins triple ou quadruple du chiffre réel.

pièces de canon, amenées ensuite à Danjoutin même que nous occupons toujours : ce bruit semble peu fondé !

A midi, le capitaine d'Arman de Pouydraguin (notre capitaine de recrutement) nous donne comme à peu près certain que l'ennemi installe une batterie sur le Mont, et ce avec des mortiers énormes au moyen desquels il va nous bombarder ; d'autres, au lieu du Mont, parlent de Valdoie comme position de cette batterie.

Un porteur de lettres, revenant à Belfort, annonce que le corps de secours qui se dirige sur Belfort, ce qu'il confirme, doit être d'environ 12,000 hommes. C'est par ces porteurs, au nombre de douze, que nous pouvons recevoir et envoyer des nouvelles, la plupart du temps par la Suisse (Boncourt). Chacun d'eux reçoit 50 fr. par voyage et en fait généralement deux par semaine ; ces frais d'environ 1200 fr. par semaine sont supportés par M. Keller-Haas qui a organisé ce service, si utile tant pour les autorités supérieures que pour les militaires de la garnison à l'intention desquels il l'a plus spécialement fondé à ses frais.

La dépêche suivante a circulé aujourd'hui :

« Chagny, 2 Décembre : Après une lutte énergique qui a duré la plus grande partie de la journée d'hier, 1er décembre, Garibaldi a forcé l'ennemi à abandonner l'attaque d'Autun ; les pertes prussiennes sont considérables ; des renforts sont survenus à l'ennemi dans la journée. Il faut supposer que l'engagement a recommencé ce matin. »

Vendredi, 9 Décembre 1870 (7e jour de bombardement). — La nuit a été très bruyante ; le feu de l'ennemi a été raccourci, de sorte que les obus atteignent bien plus fréquemment l'intérieur de la ville, conséquemment notre voisinage; nous y répondons assez vivement; c'est probablement la nuit la plus agitée que nous avons eue depuis le commencement du bombardement; un homme du génie a été tué dans son lit par un obus.

Comme il a neigé toute la nuit et que ce matin cela a continué, on circule dans environ un pied de neige; bon nombre d'obus en conséquence n'éclatent pas, étant amortis dans leur chute; néanmoins, le feu restant des plus nourris toute la journée, le nombre des blessés est supérieur à celui des jours précédents.

L'ennemi a lancé aujourd'hui, outre les obus habituels, quelques fusées ou grenades pour provoquer des incendies; la neige les empêche de se déclarer.

A 2 heures, j'apprends qu'Oscar Kœchlin vient d'être blessé d'un éclat d'obus au mollet droit; ce qu'on m'en dit est d'abord assez inquiétant, puis j'apprends de lui-même, que, se sentant atteint, il a fait en courant cinq ou six pas et est tombé sur le genou, devant deux ou trois de ses camarades en face de la caserne du génie (porte de France); la blessure, quoique assez profonde, n'a atteint aucune partie autre que les muscles; c'est donc, relativement bien entendu, une bonne blessure.

Un factionnaire a eu, cet après-midi, la tête enlevée net par un obus.

Dans la soirée, j'apprends qu'on a entendu une fusillade du côté de la forêt de l'Arsot; c'est, dit-on, un engagement entre des francs-tireurs et les Prussiens.

On a amené en ville cet après-midi deux nouveaux prisonniers prussiens, dont un officier, blessé; on dit aussi que nous avons à Bellevue un certain nombre de prisonniers, que l'on fait travailler aux ouvrages les plus périlleux.

Ce soir, la mitrailleuse que le génie vient de terminer, a été essayée; après deux ou trois rectifications, que l'on pense faire jusqu'à demain, elle promet de marcher; probablement qu'elle sera amenée demain de la Forge.

Des bruits alarmants circulent en ville; ne seraient-ils pas répandus par l'ennemi? D'après ces bruits, M. Denfert lui-même aurait dit avoir lu dans le *Journal de Genève* (hostile à la France, ami de la Prusse), des dépêches prussiennes et françaises annonçant qu'Orléans nous a été repris, que l'armée de la Loire a été battue par le prince Frédéric-Charles, enfin que l'armée de sortie de Paris aurait été forcée de rentrer dans ses premières positions.

D'après un autre dire, M. Denfert aurait annoncé au commandant de l'artillerie du Château, qu'on attend d'un instant à l'autre des secours, qu'en conséquence il doit cesser le feu du côté des Perches, et que si l'on entend une fusillade de ce côté, immédiatement on mettra la garnison entière sur pied pour prêter main-forte aux renforts qui nous arriveraient; à la suite de l'engagement de francs-tireurs de la forêt de l'Arsot, nos canons doivent tirer de ce côté pour déloger les Prussiens qui semblent occuper ces bois.

On dit que d'après une moyenne sérieusement établie, les ennemis nous envoient journellement environ 4300 projectiles; un artilleur déguisé en paysan, a été visiter leurs batteries et en a pris le plan; d'après lui ils auraient douze pièces, savoir: deux pièces françaises rayées de 24, venant de Metz et alimentées par des projectiles français; une pièce prussienne rayée de 24; une pièce prussienne rayée de 32 et huit autres pièces prussiennes de 4 ou de 8. D'après l'un des prisonniers, ils auraient au contraire 24 pièces.

Après avoir cessé presque complètement depuis 3 $1/2$ heures, le feu reprend, très actif des deux parts, à 8 heures du soir; peu de temps après il se ralentit.

Samedi, 10 Décembre 1870 (8e jour de bombardement). — La nuit a été assez calme.

Dans la soirée d'hier une reconnaissance prussienne vient, se trompant de chemin, s'égarer dans les fils de fer enchevêtrés dans des pieux s'élevant à 60 centimètres du sol, disposés autour de Bellevue; sur cinquante hommes dont elle était composée, dit-on, une trentaine sont tués, blessés ou faits prisonniers; effectivement, ce matin, trois cadavres restent à la gare, sept blessés sont amenés en ville, et l'on prend encore cinq Prussiens que l'on trouve couchés, sans armes, dans le fort de Bellevue, où ils s'étaient réfugiés.

Le feu semble moins actif aujourd'hui; un grand nombre d'obus nous arrive aussi sans éclater, la neige amortissant les chocs.

A midi nous apprenons qu'une dépêche est affichée à la sous-préfecture; j'y cours et apprends que la dépêche suivante a été apportée ce matin par un paysan de Beaucourt portant à la main une paire de sabots neufs, dont les talons contenaient ce qui suit:

«Tours, 6 Décembre 1870. Officiel: Un ballon arrivé à Nantes apporte des nouvelles de Paris du 4 décembre au matin, d'après un rapport du général Trochu du 2 décembre au soir: Le plateau entre Champigny et Villars a été attaqué par les Prussiens avec des forces énormes à la pointe du jour, le 2 décembre ; le combat dura plus de 7 heures et au moment où le général Trochu envoie son rapport, l'ennemi pliait sur toute la ligne, cédant encore une fois les hauteurs. Le général Trochu parcourt la ligne des tirailleurs de Champigny jusqu'à Bry, recueillant les acclamations enthousiastes des troupes. Le général Trochu attend un retour offensif de l'ennemi et dit que la deuxième bataille durera comme la première toute la journée.

Un deuxième rapport du général Trochu, de Nogent, 2 décembre à 5 h. 40 du soir, dit que cette deuxième grande bataille a été beaucoup plus décisive que la précédente ; l'ennemi attaqua les Français au réveil avec des réserves et des troupes fraîches. Le rapport dit : «Nous avons combattu trois heures pour conserver nos positions et cinq heures pour enlever celles de l'ennemi sur lesquelles nous couchons. L'*Officiel* dit que les Prussiens ont commencé le 3 une série d'attaques d'avant-postes, précédées de courtes canonnades, mais le calme s'est promptement rétabli et les positions françaises sur la Marne n'ont plus été inquiétées. Les pertes prussiennes dans la journée du 2 sont considérables, d'après les renseignements donnés par les prisonniers ; des régiments entiers ont été écrasés. La journée du 3 a été consacrée à améliorer la situation des troupes françaises, qui supportent le temps rigoureux avec un grand courage. L'armée du général Ducrot a bivouaqué la nuit du 3 dans le bois de Vincennes et a repassé la Marne. Dans la journée elle a été concentrée sur ce point pour donner suite à ses opérations. Environ 400 prisonniers prussiens sont tombés entre nos mains.

Tours, 7 décembre. Une dépêche de Gambetta aux préfets leur dit de démentir hardiment les bruits alarmants sur la situation de l'armée de la Loire, colportés par la malveillance pour provoquer le découragement et la démoralisation. Gambetta dit : « Vous serez strictement dans le vrai en affirmant que l'armée est actuellement dans d'excellentes positions, que son matériel est intact ou renforcé, qu'elle se dispose à reprendre la lutte courageusement contre les envahisseurs. Que chacun soit donc ferme et fort, que tous ensemble nous fassions un suprême effort, et la France est sauvée. »

Il vient d'être décidé que 14 militaires, condamnés à diverses peines, seront, sur la demande de l'un d'eux, demande qui a été prise en considération, envoyés travailler au fort des Barres, où le travail est pressé et dangereux ; cette décision est mise à exécution immédiatement et, les condamnés n'ayant pas le droit de porter les insignes militaires, on leur rase le haut de la tête et on leur met leur capote à l'envers.

Cet après-midi, 300 hommes d'un corps franc formé par des mobiles du Rhône[1], qui étaient avec le reste de leurs camarades à la Forge, où ils avaient installé des barricades, sont partis en reconnaissance du côté de la forêt de l'Arsot où l'on savait que l'ennemi cherchait à installer des batteries ; tout à coup, l'ennemi cherche à les cerner, mais immédiatement ils se mettent à le tirailler, et, n'étant pas en nombre, envoient chercher deux de leurs compagnies à la Forge, comme renfort ; ces compagnies arrivent immédiate-

---

[1] Il s'agit des mobiles du 1er bataillon du 16e de marche et de leur compagnie d'éclaireurs.

ment et, après une vive fusillade, tous nos hommes peuvent se replier en très bon ordre, n'ayant que trois hommes tués.

La mitrailleuse a été ramenée de la Forge ce soir, on doit l'essayer demain ou après-demain.

Depuis ce soir, le feu de l'ennemi est bien moins vif, soit que nous lui ayons démonté des pièces, soit que ses projectiles commencent à s'épuiser et qu'il veuille les ménager.

L'ordre du jour signale le mobile du Rhône Pierre Miquet-Sage comme ayant rendu de grands services, dans l'incendie de ces jours derniers de la maison Houbre, au faubourg (Hôtel des Messageries), en restant sur les toits, au milieu d'une grêle d'obus, pour couper avec une hache un petit bâtiment qui reliait cette maison à un bâtiment voisin, ce qui arrêta le feu.

Dimanche, 11 Décembre 1870 (9e jour de bombardement). — A partir d'aujourd'hui, notre bureau du recrutement ne sera ouvert que de midi à 4 heures.

Dès la nuit et toute la journée, sauf peut-être pendant une heure (vers 2 heures), le feu de l'ennemi n'est plus ce qu'on peut appeler nourri; il semble que les projectiles commencent à manquer, et l'on dit même que les obus ont partiellement été remplacés par de simples boulets, beaucoup moins dangereux; ce qu'il y a de certain, c'est qu'un grand nombre de projectiles n'éclatent pas (peut-être la moitié); la neige contribue aussi partiellement à ce résultat.

Entre 9 et 10 heures, un militaire qui, ayant terminé son troisième congé, avait depuis trois mois droit à sa retraite (25 ans de service), a été tué par un obus devant la porte de

Brisach ; comme ce passage est très dangereux à cette heure, qui est celle du rapport de la place, qui se tient au corps de garde de cette porte, on change l'heure du rapport du matin, qui aura lieu à 7 $^1/_2$ heures.

Dans l'après-midi, on dit que le faubourg reçoit plusieurs nouvelles bombes ; une compagnie était logée dans une maison très avancée du faubourg qui recevait beaucoup de projectiles ; un sous-officier de cette compagnie vient demander à son commandant de la loger ailleurs ; le commandant refuse ; le lendemain, une bombe vient éclater en plein dans cette maison, tue net quatre hommes de la compagnie et en blesse dix, dont sept sont morts depuis ; après cet accident terrible, le commandant navré, fait immédiatement loger ailleurs les hommes restants de la compagnie ; ce fait se passait ces tous derniers jours.

Dans la journée, après que nos forts eurent pendant quelque temps canonné la forêt de l'Arsot, cinq compagnies (de celles installées à la Forge) s'élancent dans ce bois pour en débusquer l'ennemi ; les compagnies étant fort peu nombreuses, elles accompagnent cette opération d'un grand déploiement de tapage, les uns criant, les autres chantant, qui la *Marseillaise*, qui les airs lyonnais de : « Le roi Guillaume est un...... », ou de

> Bismarck, si ça continue,
> De tous tes Prussiens il n'en restera guère !
> Bismarck, si ça continue,
> De tous tes Prussiens il n'en restera plus !

Ils firent si bien que l'ennemi fila, en déroute, abandonnant de nombreux effets de campement dont nos Lyonnais prirent possession, ainsi que d'un « gourbi » installé dans le bois, où ils trouvèrent des cigares, des saucissons, etc., le tout excellentes trouvailles par le temps qui court. Quant aux travaux que les Prussiens comptaient installer, ils n'avaient pas même eu le temps de les commencer.

Un ordre du jour dissout la compagnie des éclaireurs du 57e de marche pour avoir, « sous l'instigation de leurs officiers, refusé d'exécuter un ordre du commandant supérieur, dont l'inexécution a permis à l'ennemi l'établissement d'une tranchée nouvelle en avant du fort de Bellevue ». Les officiers passeront en conseil de guerre pour refus d'obéissance. C'est, disent quelques personnes, l'avancement de cette tranchée d'une trentaine de mètres qui a permis aux Prussiens d'envoyer quelques bombes sur le faubourg.

Au rapport de la place, M. Dejean, major de la place, annonçait que l'église de Bermont, localité située à peu près en face de Sevenans, est remplie de cadavres prussiens.

Lundi, 12 Décembre 1870 (10e jour de bombardement). — Nous venons de passer la nuit la plus calme que nous ayons eue depuis le bombardement; quelques obus envoyés par l'ennemi, auxquels répondent un peu plus vivement les canons de nos forts.

L'essai de la mitrailleuse, fait ce matin, ne réussit pas encore; les aiguilles sont trop courtes; une fois qu'elles auront été changées, ce qui sera bientôt fait, on pense qu'elle ira.

La journée est très calme, relativement bien entendu, et nous ne recevons que de temps en temps quelques obus; nos forts tirent un peu plus que l'ennemi; dans l'après-midi, on dit que l'ennemi a tiré toute la journée sans discontinuer

Porte du Château

Cour intérieure du Château

sur Danjoutin (à environ trois kilomètres de Belfort), qui est toujours occupé par quelques troupes françaises, entre autres les francs-tireurs d'Altkirch ; que se passe-t-il là-bas ? Serait-ce le corps d'armée tant annoncé qui vient à notre secours ?

Il commence à pleuvoir ; c'est le signal du dégel.

La soirée, après une journée très calme, se termine de même. Vers 7 heures, cependant, nos forts tirent avec assez de suite de divers côtés.

Mardi, 13 Décembre 1870 (11e jour de bombardement). — La nuit a été tranquille ; la journée commence de même. Il tombe une pluie fine et le brouillard est épais ; il dégèle en plein.

Dans la matinée, nos forts tirent de temps en temps ; l'ennemi y répond mollement. Entre 1 et 2 heures, une canonnade des plus vives se fait entendre ; tous nos forts tirent pendant environ deux heures dans toutes les directions, mais ce sont principalement les Barres et Bellevue qui tirent sans désemparer du côté de Bavilliers ; l'ennemi répond assez vivement à notre canonnade. Une reconnaissance avait, paraît-il, été envoyée la veille au soir pour s'éclairer sur les travaux faits par l'ennemi en avant de Bavilliers ; aujourd'hui ce point avait été attaqué par environ 600 des nôtres qui furent bientôt renforcés par environ 3,000 hommes ; on dit — mais ce n'est pas encore certain — que nous avons réussi à occuper Bavilliers, dont 50 éclaireurs ont commencé par prendre possession, puis que nous avons délogé l'ennemi du bois de Bavilliers, que nous y avons détruit ses batteries, et finalement que nous y faisons nous-mêmes des travaux destinés à placer des canons en batterie contre Essert. D'un autre côté, on affirme que nous nous sommes laissé enlever 40 francs-tireurs.

Dans la soirée, les fontaines de Belfort ne donnent plus d'eau ; les conduites des bornes-fontaines qui amenaient l'eau des environs de Valdoie, ont, paraît-il, été coupées par les Prussiens.

Les Perches ont déplacé 6 pièces de canon et les tiennent prêtes pour le cas où les Prussiens chercheraient à s'établir au Valdoie.

Mercredi, 14 Décembre 1870 (12e jour de bombardement). — La soirée d'hier a été moins calme que d'habitude et pendant toute la nuit les coups de canon, de part et d'autre, se succédaient d'assez près. Dès ce matin les fontaines remarchent ; on y a adapté les conduites amenant l'eau de Cravanche ; ce travail avait été préparé d'avance pour parer à toute éventualité.

On ne sait encore rien de positif sur la journée d'hier ; cependant, on semble confirmer ce que je disais hier, mais, par contre, on ajoute que l'ennemi a occupé le bois de Bosmont et la ferme de Botans ; on ajoute, d'après des prisonniers que nous avons faits, que l'ennemi, voulant tenter un dernier effort (?), a appelé environ 10,000 hommes de renfort, la garnison de Mulhouse entre autres, et les a massés du côté de Danjoutin. Quant aux francs-tireurs, on dit que la compagnie qui occupait la ferme de Botans et qui s'était constamment battue depuis plus d'une semaine, ne pouvant plus tenir, s'est dispersée et demandait même à être dissoute, attendu qu'on demandait trop d'elle et qu'après neuf ou dix jours de fatigues et de combats on voulait encore la faire marcher, ce qui lui était impossible pour le moment.

Dans l'après-midi, on raconte que trois ou quatre canons ennemis ont été encloués et que les Prussiens ne peuvent plus tirer qu'avec deux pièces sur la ville. D'après un prisonnier, les Prussiens perdent beaucoup de monde devant Belfort: sa propre compagnie, composée dans le principe de 240 hommes, serait actuellement réduite à 60 ; les voitures ne pouvant approcher pour alimenter les batteries prussiennes, les obus seraient transportés par des soldats faisant la chaîne, parmi lesquels vient fréquemment éclater un de nos obus, tuant chaque fois cinq ou six hommes.

A 3 heures, à la fin du rapport de la place, on annonce que le feu est à la caserne H au pied du Château (ce commencement d'incendie a été facilement dominé); presque en même temps on entend le clairon sonner la générale, et le rapport est interrompu par la note suivante: « Faire prendre les armes à toute la garnison de la ville et des faubourgs et à la garde nationale ; j'ignore ce qui se passe à Danjoutin ; il faut être partout sur ses gardes. » Immédiatement les fourriers d'ordres qui étaient au rapport, sont expédiés dans toutes les directions pour prévenir leurs chefs de corps. En sortant on entend dire que le feu est au faubourg, que Bellevue vient d'être enlevé par l'ennemi, bruits qui ne se confirment pas. Un quart d'heure après, tout le monde est sous les armes ; cependant le canon de nos forts reste calme ; est-ce le brouillard qui l'empêche de diriger son tir, ou n'y a-t-il pas encore lieu d'agir? Au bout d'une demi-heure toutes les troupes mises sur pied par l'alerte sont renvoyées à leurs quartiers ; la soirée se passe assez calme.

Jeudi, 15 Décembre 1870 (13ᵉ jour de bombardement). -- Après une nuit assez bruyante, le canon de nos forts s'étant fait entendre plus fréquemment que celui de l'ennemi, la canonnade continue, sans grande activité, toute la matinée pour diminuer un peu dans l'après-midi. Les Prussiens continuent à envoyer des obus ; à la gare et au faubourg ils envoient beaucoup d'obus à mitraille ou à balles (shrapnels) ; quant à leurs bombes, on en reçoit toujours fort peu, et il est bien rare qu'elles dépassent la ligne de défense (tranchée) du faubourg.

On me dit qu'on a recommencé à se battre autour de Belfort, ce matin ; en attendant, on a grand'peine à savoir ce qui s'est passé la veille ; d'après les renseignements que je finis par obtenir, il paraît que les positions enlevées mardi par nous auprès de Bavilliers, le bois particulièrement, étaient restées occupées par nos troupes (mobiles Haute-Saône, Saône-et-Loire, 35ᵉ de marche et deux compagnies du 84ᵉ, ensemble environ 1.400 (?) hommes) qui auraient été prévenues qu'elles devaient s'attendre à un retour offensif de l'ennemi et qu'en manœuvrant bien ils pourraient le cerner ; hier, en effet, ces positions furent attaquées par environ 1000 Prussiens : les mobiles se replièrent en désordre sur Danjoutin, quant aux 2 compagnies du 84ᵉ, elles tinrent à peu près douze heures dans ces positions : c'est pendant ce temps que le commandant supérieur, n'en ayant pas de nouvelles, fit prendre les armes ; puis, après avoir repoussé l'ennemi, en lui faisant subir des pertes sérieuses, entre autres un assez grand nombre de prisonniers, en partie blessés, tandis qu'elles-mêmes n'avaient que 2 hommes tués, les deux compagnies se replièrent également, ne pouvant à elle seules défendre les positions plus longtemps. En somme, la situation restait donc, sauf les pertes infligées à l'ennemi, la même qu'avant notre sortie de mardi sur Bavilliers.

D'après ce que me rapporte M. Grosjean, Meung, Bougeney, Vierzon auraient été occupés par les Prussiens; on dit qu'ils auraient passé la Loire et que le gouvernement de Tours se dispose à se transporter à Bordeaux. On assure, dans la soirée, que l'ennemi fond ses projectiles à l'établissement André Kœchlin & Cie à Mulhouse et les envoie par chemin de fer jusqu'à Dannemarie; ses tranchées, dans la direction de Bellevue, ne seraient plus qu'à 500 mètres de ce fort; nous pourrions donc, si cela continue, nous attendre à recevoir prochainement des bombes.

Certaines estimations portent à 5000 les projectiles envoyés cette nuit (14 au 15) par les Prussiens; quelqu'un m'affirme en avoir entendu passer, encore ce matin, jusqu'à onze par minute. On estime actuellement les forces de l'ennemi autour de Belfort à environ 40,000 hommes, ce chiffre comprenant les renforts récemment arrivés; le général de Werder serait depuis hier à Bavilliers; un général prussien passant pour avoir eu les deux jambes coupées par un obus, peut-être est-ce à la suite de cet accident qu'il aurait été remplacé. (N'a pas été confirmé.)

Vendredi, 16 Décembre 1870 (14e jour de bombardement). — Nuit, puis journée bruyante; l'ennemi envoie de nombreux obus, nous y répondons avec suite; aucun fait militaire intéressant n'est cependant à signaler.

Dans la journée, je reçois quelques nouveaux détails sur l'affaire de Bavilliers: les pertes des deux compagnies du 84e seraient plus considérables qu'on ne l'avait dit, 62 hommes (et non 2, chiffre donné d'abord) manquent à l'appel pour l'une d'elles. D'après ce qui aurait été dit par un capitaine de francs-tireurs lui-même, le commandant Helly, du 45e de ligne, était à table lorsque ce capitaine est venu lui dire que sa compagnie était attaquée par des forces ennemies supérieures et qu'il ferait bien de lui envoyer du renfort; le commandant refuse et donne l'ordre aux troupes attaquées de résister à l'ennemi; plus tard, le même officier vient dire au commandant que ses hommes ont été obligés de se replier devant des forces bien plus considérables; «Eh bien! retournez-y, répond le commandant sans se déconcerter, et reprenez-leur vos premières positions.» L'officier lui répondit: «Nous sommes prêts à y retourner, mais vous nous accompagnerez pour nous commander!» Le commandant n'eut rien à répondre, et la chose en resta là; en attendant il faut, m'a-t-on dit, attribuer à cette incurie le résultat manqué de cette journée.

D'après des bruits qui se répandent en ville, émanant, dit-on, de plusieurs journaux, Jules Favre aurait fait à la Prusse des propositions tendant à faire la paix moyennant 3 milliards payés par nous, et neutralisation pour 10 ans de l'Alsace et de la Lorraine; d'autres personnes se contentent de dire que les conditions de la paix sont arrêtées (sans indiquer quelles elles seraient) et qu'avant trois jours la paix sera signée: y a-t-il quelque chose de fondé dans tout ceci? Nous le saurons bientôt. On dit aussi, ce qui donne quelque fondement aux propositions que l'on prête à **Jules Favre**, que nous avons été sérieusement battus devant Paris le 4 décembre.

La soirée est un peu plus calme que la journée.

Samedi, 17 Décembre 1870 (15e jour de bombardement). — Cette nuit le feu de l'ennemi a été fort, et nous y avons répondu vivement; le même échange de projectiles continue pendant tout le jour.

A 10 heures, ce matin, un obus éclate au 2e étage de notre caserne 84 (de l'Espérance), presque au-dessus des deux chambres que nous occupons au rez-de-chaussée; plusieurs mobiles s'y trouvaient: l'un est tué, un autre a le poignet enlevé; les autres étages ne souffrent pas.

Dans la soirée, j'apprends qu'un parlementaire s'est présenté à 5 heures, de la part de l'Internationale (de Suisse), pour proposer le transport des femmes, des enfants et des vieillards de la ville de Belfort à Porrentruy.

La journée se passe sans fait militaire intéressant, la canonnade continuant avec la même vivacité.

Dimanche, 18 Décembre 1870 (16e jour de bombardement). — J'apprends ce matin une bien triste nouvelle; Oscar Koechlin, dont la blessure semblait d'abord peu grave, avait eu peu après un érysipèle qui venait finalement de prendre toute la jambe, de sorte que, tandis que la blessure prenait une assez bonne tournure, la fièvre, par suite de l'érysipèle, allait en augmentant, atteignant hier matin jusqu' au delà de 130 pulsations et 42 respirations : son corps n'avait pu y résister et hier samedi, 17 décembre, (à 11$^{1}/_{2}$ heures du soir), il s'était éteint doucement, après avoir sans doute beaucoup souffert, plus que, dans son délire, il ne le disait à ses amis l'interrogeant sur son état et auxquels, ainsi qu'il me le fit encore hier matin, il faisait généralement des réponses satisfaisantes. Quelle nouvelle pour sa mère qui, prévenue par un exprès envoyé hier soir qu'il avait besoin de ses soins, va sans doute arriver d'un moment à l'autre !

Ce matin, un parlementaire est parti de chez nous pour aller porter la réponse à la demande faite par la Suisse de faire sortir de Belfort les femmes, les enfants et les vieillards.

A midi, le capitaine d'Arman de Pouydraguin nous dit que, d'après des nouvelles non officielles qui seraient arrivées, Trochu aurait proposé à la Prusse de traiter, moyennant l'installation du comte de Paris comme roi de France, et la neutralisation pour dix ans de l'Alsace et de la Lorraine ; il nous dit aussi qu'on en est maintenant réduit à Paris à manger des rats.

D'après ce qu'aurait avoué un prisonnier, nous tuerions chaque jour à l'ennemi environ 60 hommes.

Toute la journée le tir de l'ennemi est très fort, jusqu'à 4 heures, heure habituelle de ralentissement.

On assure que les Prussiens ont envoyé aujourd'hui 37 obus sur l'hôpital militaire du faubourg de Montbéliard, malgré son drapeau blanc à croix rouge.

A la nuit, on voit les lueurs d'un fort incendie : c'est à Danjoutin, nous dit-on.

Lundi, 19 Décembre 1870 (17ᵉ jour de bombardement). — La nuit a été bruyante et la canonnade de l'ennemi reste très suivie jusque vers 4 heures; nos forts y répondent assez vivement.

On ne parle pas encore du moment où aurait lieu l'armistice de quelques heures pour la sortie des femmes, des enfants et des vieillards: on dit que les Allemands ont fait à cet égard des conditions inacceptables, c'est-à-dire qu'ils entendraient que, tandis que le feu cesserait de part et d'autre, ils auraient le droit de continuer leurs travaux de siège.

Mardi, 20 Décembre 1870 (18ᵉ jour de bombardement). — Depuis hier à 4 heures jusqu'à 11 heures, ce matin, la canonnade, des deux parts, était très calme; mais aujourd'hui, de 11 heures à 4 heures, nous recevons énormément d'obus, qui font beaucoup de dégâts en ville; puis la soirée est de nouveau calme.

Cette nuit il y a eu un fort incendie du côté des Barres: c'est, paraît-il, la ferme des anabaptistes qui brûlait; dans la journée, un ou deux incendies à Danjoutin; à l'un d'eux, un garçon venait de sauver successivement un cheval, une vache et un porc de la maison en flammes de ses parents, quand il reçut, en y retournant, un éclat d'obus qui lui traversa le ventre: il mourut peu après.

Ce sont quatre pièces (trois de 4 et une de 24 [?]), nouvellement installées par les Prussiens à Andelnans, qui tirent depuis ce matin sur Danjoutin.

Dans la journée on a entendu une fusillade du côté de Bellevue, entre ce point et la ferme de Bavilliers.

Un ordre du Colonel Commandant Supérieur crée une compagnie d'éclaireurs de 80 hommes volontaires tirés du 45e de ligne (35e de marche), du 3e bataillon du 16e Régiment provisoire (mobiles du Rhône) et du 57e Régiment provisoire récemment reformé de mobiles des divers bataillons. Un autre ordre prévient les troupes de la garnison que la peine de la prison, qui pourrait leur être infligée, sera remplacée par une corvée exceptionnelle au fort des Barres ou sur tout autre point où s'exécutent des travaux de défense.

Le Conseil de Guerre a condamné un capitaine traduit à la suite de l'affaire qui a fait dissoudre les éclaireurs du 57e de marche (voir le 11 décembre), à la peine de la destitution pour refus d'obéissance. Un lieutenant a été acquitté, comme n'étant à la compagnie que depuis deux jours.

J'ai omis de citer hier deux ordres; l'un citait deux militaires du 3e bataillon de la Haute-Saône écrivant à leurs parents, l'un « Aussitôt la reddition de Belfort, envoyez un garde d'Héricourt pour me conduire »; l'autre : « Je pense que la ville ne se rendra pas, mais cela sera tant pis pour nous; j'espère que Paris se rendra, cela terminera les affaires. » Cet ordre signalait ces deux mobiles « à la honte générale » et les incorporait dans deux compagnies, l'une au hameau de la Forge, l'autre à la gare avec recommandation à leurs camarades d'avoir l'œil sur eux au moment du danger et de les obliger à faire leur devoir devant l'ennemi.

L'autre ordre citait des lettres des mobiles du Rhône (1er bataillon du 16e) qui donnaient des détails sur le tir de l'ennemi, détails qui, publiés par certains journaux, lui ont servi à le corriger; ils avaient écrit, par exemple, dans les premiers jours du siège que tous les obus ennemis n'éclataient pas; l'ennemi l'a su, de sorte que maintenant tous ses obus éclatent avec une précision extraordinaire sur le point où ils viennent frapper.

L'argent se fait rare en ville; bonne partie des troupes, et surtout des officiers, sera soldée à la fin de ce mois par des bons signés du préfet, du gouverneur et du receveur, ou en billets de banque, assez nombreux pour ceux de fr. 1000, mais rares pour les coupures. A ce propos voici quelques cours du jour: beurre, la livre au moins fr. 4.—; sel fr. 1.— le kilo aux officiers, 80 cent. aux mobiles; une bougie fr. 0.40; un œuf fr. 0.25; sucre rare à fr. 1.80 la livre; alcool introuvable; le blanchissage n'a pas de cours: on refuse le linge partout, et j'en suis réduit à faire moi-même de petites lessives: je m'en tire presque aussi bien qu'une mauvaise blanchisseuse!

On vient d'installer aux Barres et au Château deux guetteurs munis de trompettes qui préviennent, dès qu'ils voient le feu des pièces prussiennes, les travailleurs placés autour des Barres de l'arrivée des bombes, et ceux de la gare de l'arrivée des obus; ils ont ainsi le temps de se garer.

A $7\frac{1}{2}$ heures ou 8 heures du soir, les obus recommencent à nous arriver, mais à $8\frac{1}{2}$ heures ou 9 heures moins un quart, nos forts ouvrent un feu roulant d'une vivacité incroyable, qui dure jusqu'à 10 heures; pendant ce temps l'ennemi se tait à peu près, ou au moins n'envoie que très peu d'obus sur la ville. A 10 heures le calme se rétablit, et la nuit se passe sans que les coups de canon, ni d'une part ni de l'autre, soient bien nombreux. Que s'est-il passé dans la soirée, lors de cette intense canonnade? Nous le saurons demain, sans doute.

Mercredi, 21 Décembre 1870 (19ᵉ jour de bombardement). — Le calme continue. On a de la peine à savoir ce qui s'est passé hier soir : le projet était, paraît-il, d'engager une fusillade sur un point pour pouvoir enlever les factionnaires et les grand'gardes de l'ennemi en avant de Bellevue. On dit que, quand ceux qui devaient faire la sortie, pour essayer de combler les tranchées, se sont avancés, 400 ou 500 sont venus pour les repousser et même tâcher de s'emparer de Bellevue, qu'alors s'est engagé une fusillade qui a duré vingt minutes, le tout pendant la canonnade de nos forts. Attendons à plus tard pour avoir des détails plus précis.

Au rapport, on communique le curieux ordre que voici :

ORDRE

La fête de Noël est tous les ans, principalement parmi les populations du Nord de l'Allemagne, l'occasion de fêtes de famille où tout le monde se réunit autour de l'arbre, généralement un sapin, appelé arbre de Noël. Aux branches de cet arbre sont suspendus des cadeaux de toute nature que se font, entre eux et aux enfants de tout âge, les différents membres de la famille. La soirée se termine ordinairement par un repas autour de l'arbre. Le commandant supérieur a trouvé dans des portefeuilles pris sur des prisonniers de guerre ou des cadavres ennemis abandonnés sur le champ de bataille, de nombreuses lettres des femmes, mères ou parents divers des victimes, dans lesquelles on leur exprimait l'espoir de les voir revenir pour participer aux fêtes de Noël.

Nous savons tous que la République a offert à l'Allemagne

une paix honorable et glorieuse pour elle dans le courant de septembre et que la guerre ne continue que par des sentiments d'ambition coupable et de haine dont sont animés contre la France le roi Guillaume et son odieux ministre, le comte de Bismarck. La résistance à outrance ordonnée par le gouvernement de la Défense Nationale empêchera les militaires prussiens de se trouver à Noël au milieu de leurs familles et beaucoup de ces familles sont frappées de deuil. Contre le mauvais effet qui en résultera en Allemagne, le roi Guillaume cherchera sans doute à réagir par des annonces de victoires. Nous devons donc nous attendre à des attaques prochaines de l'ennemi et ces attaques doivent être repoussées avec énergie, ce qui sera d'autant plus facile que, si l'ennemi doit se départir de ses habitudes de prudence et de combinaisons savantes, c'est surtout en un moment où la victoire lui est nécessaire aux yeux de la nation allemande. Que tous, officiers, sous-officiers et soldats, se préparent donc à recevoir l'ennemi avec calme, et à faire leur devoir, persuadés que nul succès ne peut être plus favorable à la délivrance de notre pays que ceux que nous remporterons en ce moment.

Le présent ordre sera lu à trois appels consécutifs.

Belfort, le 20 Décembre 1870.

Le Colonel Commandant supérieur :

(Signé) DENFERT.

D'un autre côté, un fourrier du 1er bataillon du 16e de marche (mobiles du Rhône) qui est à la Forge, me dit que son commandant et ses officiers viennent de causer à un contrebandier qui, revenant de Bâle, affirme y avoir vu lui-même une dépêche annonçant qu'il vient d'être signé un armistice à l'effet de convoquer et d'élire une Constituante. Sur quelques objections qui lui sont faites, le fourrier ajoute qu'il est d'autant plus disposé à y ajouter foi, qu'il a vu ces tout derniers jours un journal de Bâle disant que Gambetta aurait engagé avec Bismarck des négociations dans lesquelles le ravitaillement de Paris ne remplirait qu'un rôle tout à fait secondaire, de sorte que cette question ne pourrait les faire échouer. Puisse la nouvelle du contrebandier être vraie, et être suivie bientôt de la conclusion de la paix !

Sauf quelques obus envoyés avec assez de suite par l'ennemi, entre midi et 3 heures, la journée reste calme et se termine de même. Il est certain que les Prussiens n'envoient plus de bombes sur le faubourg, Bellevue et les Barres.

Dans la soirée, on confirme qu'il est venu à l'hôtel du Tonneau d'or un contrebandier, donnant les nouvelles que je citais plus haut ; un autre contrebandier aurait même suivi le premier et confirmé son dire, et un pari réciproque de 1,000 fr. aurait été engagé par deux messieurs sur la véracité de ces nouvelles.

Le temps se refroidit ce soir et il commence à neiger légèrement et finement.

Notre capitaine de recrutement, M. d'Arman de Pouydraguin, vient d'être nommé adjoint de 1re classe à l'Intendance (rang de commandant) ; il remplissait depuis le commencement du mois les fonctions d'adjoint à l'Intendance. On rapporte que dans l'affaire de Bellevue d'hier soir, 60 de nos francs-tireurs se sont avancés vers les tranchées ennemies, puis ont envoyé 4 des leurs harceler et faire sortir les travailleurs de ces tranchées, puis, aidés par le canon des forts, ont engagé avec eux une fusillade à laquelle ils n'étaient pas préparés.

D'après le *Siège de Belfort* du 24, l'ennemi aurait aujourd'hui 54 pièces en batterie devant Belfort.

Jeudi, 22 Décembre 1870 (20ᵉ jour de bombardement). — Le froid augmente et il tombe un peu de neige très fine.

La journée se passe très calme : c'est la plus tranquille depuis le commencement du bombardement, et l'ennemi ne nous envoie pas en ville plus d'une douzaine d'obus de toute la journée ; notre feu est légèrement plus actif. Toute cette réserve, de part et d'autre, signifierait-elle qu'on s'attend, sur les rumeurs reçues, à des avis officiels d'armistice ? A 3 heures, au rapport, on m'affirme qu'il est venu ce matin à $5\,{}^1/_2$ heures un parlementaire qu'on ne croit pas encore reparti : est-ce exact ?

On dit dans la soirée que les Prussiens installent de nouvelles batteries sur le Bosmont pour croiser le feu avec celles établies entre Essert et Bavilliers ; faut-il le croire ? Impossible de se renseigner d'une manière positive sur ces différents points, quant à présent.

Vendredi, 23 Décembre 1870 (21ᵉ jour de bombardement). — M. Denfert, d'après ce que nous dit M. de Pouydraguin, a déclaré à son conseil privé, au rapport de ce matin, qu'il croit qu'il s'est fait un revirement complet dans la situation générale : d'après des renseignements qu'il aurait, l'armée de la Loire, quoique ayant subi un échec, n'aurait pas été coupée en deux ainsi que de Moltke, trompé lui-même, l'aurait fait dire à Trochu ; M. Denfert croit que depuis que nous n'avons plus de nouvelles de l'intérieur, c'est-à-dire depuis le 3 ou le 4 décembre, il s'est passé des événements sérieux devant la capitale et que peut-être même elle est débloquée. La nécessité d'intercepter toutes nouvelles de ce côté serait cause du resserrement actuel de la ligne d'investissement de l'ennemi, qui en outre le ferait pour protéger la retraite des Prussiens, le cas échéant, par le passage de Belfort. Le même besoin d'intercepter toutes relations avec l'extérieur serait cause que l'ennemi n'a pas laissé rentrer de parlementaire pour répondre aux propositions de M. Denfert au sujet de la sortie des femmes, enfants et vieillards ; cette mesure, du reste, en cas de solution prochaine, deviendrait inutile ; d'un autre côté, le feu de l'ennemi continue à être extrêmement calme, peut-être par suite d'un manque de projectiles, qu'on est disposé à attribuer à la gelée, interceptant les communications par le canal entre Mulhouse et Bourogne. M. Denfert serait encore très disposé à croire, surtout si ses prévisions sur l'intérieur sont fondées, à la prochaine arrivée d'un corps de secours et demande à ce propos aux commandants des forts des Perches, etc., d'ordonner à leurs sentinelles avancées de prêter constamment une grande attention aux bruits, tels que fusillade ou canonnade qui pourraient être entendus vers le Sud, afin que si quelque corps d'armée français venait vers Belfort, on pût immédiatement opérer la jonction avec lui, en combinant un mouvement.

Un ordre daté d'hier signale la conduite courageuse du

Fort de la Miotte et vue de l'étang des Forges

Porte du Château et le Fort des Hautes-Perches à l'horizon

sergent Küntz, de la 8ᵉ Cⁱᵉ du 4ᵉ bataillon du Haut-Rhin, qui, le 8, tandis qu'il enlevait des effets de literie dans les combles du pavillon H, jeta dans un baquet d'eau un obus tombé à ses pieds sans éclater, le 11, tandis qu'il cassait avec quelques hommes la glace des tonneaux d'eau placés dans les combles du même bâtiment, éteignit en contenant ses hommes, au milieu du sifflement de nombreux obus, l'incendie que l'un d'eux venait d'allumer, et enfin, le 20, parvint, au milieu des flammes et au péril de sa vie, à enlever au feu, qui venait de se déclarer dans la même caserne, son principal aliment, préservant ainsi une seconde fois ce bâtiment de l'incendie. M. Denfert le signalera au gouvernement de la Défense Nationale, aussitôt que ce sera possible.

Samedi, 24 Décembre 1870 (22ᵉ jour de bombardement). — Le feu, surtout de la part de l'ennemi, conserve la même attitude calme; le froid continue à augmenter et devient très vif.

La journée, sous le rapport des opérations militaires, reste insignifiante; au rapport de la Place, j'apprends que deux ou trois gamins ont, en s'amusant, fait éclater à la gare un obus tombé sans éclater; deux d'entre eux ont été sérieusement blessés à la jambe, et, parmi quelques mobiles, *qui les regardaient faire*, l'un a eu le bas de la jambe fracassé.

Un des condamnés envoyés en corvée aux Barres, ainsi que cela se fait maintenant fréquemment, vient de s'évader.

On dit que le maire a convoqué le conseil municipal pour lui faire des communications; le bruit que les Prussiens auraient été sérieusement battus devant Paris, circule plus ou moins en ville : on dit même que leur quartier général aurait été transféré à Metz ; M. Dejean, major de la Place, interrogé à cet égard, nous répond qu'on n'a pas de nouvelles du tout, mais qu'à son avis il faut plus que jamais appliquer le proverbe : « Pas de nouvelle, bonne nouvelle », et que les Prussiens auraient parfaitement su laisser entrer les renseignements, s'il y en avait de mauvais pour nous, et même qu'ils auraient plutôt fait déserter un des leurs pour nous les donner. Un ballon, porteur de lettres, doit partir demain (peut-être est-ce cette communication que le maire voulait faire ?).

La petite vérole règne assez fort dans la place, mais elle est généralement assez bénigne ; les malades étant assez nombreux, on demande dix nouveaux infirmiers ; peut-être la sécheresse amenée par le froid fera-t-elle, espère-t-on, diminuer ces maladies, particulièrement la variole.

La soirée se termine calme, mais le temps s'éclaircit encore et le froid devient de plus en plus vif.

Dimanche, 25 Décembre 1870 (23e jour de bombardement). — Le froid se maintient et les vitres ne dégèlent pas de toute la matinée, même dans les chambres chauffées ; après midi, la neige commence à tomber, ce qui radoucit le temps ; jusqu'au soir, la couche qui couvre le sol atteint quelques centimètres.

Triste jour de Noël ! Et pourtant il y a quelque chose de plus rassurant dans l'air : le tir ennemi reste très peu nourri, et, au rapport de la place, on dit qu'un paysan d'Essert venu en ville a raconté qu'une grande partie des canons prussiens dirigés contre Belfort, viennent, ces tous derniers jours, d'être dirigés contre Essert, comme si les Prussiens craignaient d'être attaqués par derrière ; cela expliquerait la décroissance du feu ennemi sur notre place.

On annonce aussi que treize soldats prussiens sont morts de froid la nuit dernière.

Nous avons encore, d'après un sous-officier d'artillerie, des projectiles pour plus de trois mois.

Le ballon lancé aujourd'hui est tombé, dit-on, presque aussitôt, dans les fossés du Château ou au faubourg du Fourneau : il faut plutôt supposer que, le temps n'étant pas favorable, il n'a pas été lancé ; de toute façon on le fera partir prochainement.

Lundi, 26 Décembre 1870 (24ᵉ jour de bombardement). — Le feu de l'ennemi reste fort peu nourri ; on est tout à fait tranquille (relativement bien entendu) depuis le 20, par suite du ralentissement du bombardement ; et pourtant les obus qui arrivent, quoique peu nombreux, font encore bien des dégâts en ville et blessent ou tuent encore journellement quelques personnes.

Un homme est arrivé ce matin de l'intérieur (Vitrey), après avoir couché parmi les Prussiens, et a apporté des lettres et de l'argent aux soldats du Rhône et de la Haute-Saône, ainsi qu'à M. Denfert. (C'est le premier porteur de nouvelles qui ait pu pénétrer depuis quelque temps ; de ceux qui faisaient un service régulier, l'un a, dit-on, été pendu, un autre fusillé). Des renseignements apportés par cet homme il résulte, d'après les déclarations de M. Denfert, que l'armée de la Loire aurait opéré sa jonction avec celle de Paris et qu'Orléans aurait de nouveau été repris par nous. On a aussi tout lieu de supposer, et les projectiles que l'on reçoit sont là pour appuyer le fait, que les Prussiens ne tirent plus sur Belfort qu'avec des pièces de campagne; ils sembleraient avoir l'intention de lever le siège de notre place pour faire celui de Langres et, par l'occupation de cette position, protéger, quand le moment sera venu, la retraite des troupes prussiennes par les plaines de ces pays (Neufchâteau, Nancy, Metz, Saverne, etc.); ils éviteraient ainsi d'opérer leur retraite par les Vosges et leurs défilés, la plupart impraticables en cette saison.

Dans la soirée, on voit de fortes lueurs provenant d'un incendie allumé par les projectiles ennemis à Danjoutin.

Mardi, 27 Décembre 1870 (25ᵉ jour de bombardement). — La nuit a été calme; dans la journée, l'ennemi tire un peu plus qu'il ne l'a fait ces deux ou trois derniers jours, mais la presque totalité de ses projectiles est composée de petits obus, qu'on suppose envoyés par des pièces de campagne; du côté des Barres on reçoit un assez grand nombre d'obus à balles (shrapnels).

Un ordre du Colonel Commandant supérieur annonce qu'à partir du 1ᵉʳ janvier la garnison recevra sur quatre jours un jour de biscuit, le pain continuant à être délivré pour les trois autres jours.

Ce soir, j'apprends que de nouvelles batteries (de siège) ont été installées par les Prussiens près de Vézelois, et qu'ils envoient de nombreux projectiles aux Perches et à la Justice et sur Danjoutin; par contre, ces forts et une cinquantaine de pièces du Château peuvent leur répondre vigoureusement; c'est ainsi qu'un obus envoyé de la Justice, où il y a d'excellents pointeurs, deux surtout, est allé cette après-midi leur faire sauter une poudrière près de Vézelois.

Mercredi, 28 Décembre 1870 (26e jour de bombardement). — Le feu ennemi semble un peu plus nourri que les jours précédents, quoique restant relativement calme.

Aucun fait militaire à signaler. Nos grand'gardes et celles des Prussiens qui sont en plusieurs points très rapprochées, se sont à plusieurs reprises mises en communication, soit pour se donner du tabac ou de l'eau-de-vie, soit aussi pour se narguer; c'est ainsi qu'hier près de Danjoutin, une sentinelle avancée prussienne montre sa gourde à la nôtre; la nôtre répond en buvant un coup de la sienne et en accompagnant ce mouvement d'un pied de nez à la sentinelle prussienne; celle-ci vexée, y répond par une balle qui vient traverser le mollet de notre factionnaire, ce qui vient de motiver un ordre de M. Denfert défendant ces familiarités.

A 2 heures, a lieu l'enterrement de notre pauvre ami Oscar Koechlin, au Champ Gaspard, près de la porte du Vallon, d'où il devra être exhumé plus tard, quand son corps pourra être envoyé à Mulhouse. Triste spectacle que cet enterrement! Rodolphe Koechlin, Gust. Merklen, Aug. Haensler et moi, ainsi que deux hommes de sa compagnie comme aides, escortant le cercueil placé sur un char du Génie conduit par un homme de la compagnie, composait tout le cortège, les enterrements ne devant, pour éviter d'attirer l'attention de l'ennemi et d'exposer des hommes inutilement, se composer que du nombre de personnes strictement nécessaire. Pour arriver au Champ Gaspard, l'on traverse le Vallon couvert de neige, dont les quelques maisonnettes portent la trace de nombreux obus ; nous en entendons nous-mêmes siffler de temps en temps en nous y rendant.

Jeudi, 29 Décembre 1870 (27ᵉ jour de bombardement). — La nuit a été calme ; la journée commence de même, cependant après midi le feu ennemi devient assez nourri.

Les bonnes nouvelles de ces jours derniers se confirment, sans avis officiel cependant : M. Grosjean a reçu une lettre de sa femme, et quelques officiers en ont reçu d'autres de divers côtés, lettres desquelles il ressortirait que le général Chanzy de l'armée de la Loire aurait fait un mouvement heureux qui aurait amené l'occupation[1] de Versailles par nous ; le quartier général prussien aurait été transporté ailleurs, à Metz, dit-on ; la jonction aurait été faite entre l'armée de la Loire et celle de Paris, et même avec un autre corps d'armée (celui de la Bretagne, pense-t-on) vers le nord de Paris, de sorte qu'après ces opérations, Paris serait resté entièrement débloqué du côté de l'Ouest, entre la gare de l'Ouest et celle d'Orléans. Les Prussiens devant Belfort seraient sans nouvelles depuis le 29 Novembre et seraient fortement embarrassés ; ils auraient, d'après des lettres d'Héricourt, envoyé une partie de leur armée de siège vers Besançon, d'où ils semblent attendre l'arrivée d'un corps devant nous débloquer, et ils auraient dit eux-mêmes qu'ils ne pensaient pas devoir continuer longtemps encore le siège de Belfort ; les blessés et les malades seraient très nombreux chez eux.

---

[1] Après une bataille où les Prussiens auraient eu 125 ou même 160,000 hommes hors de combat.

Des lettres de Mulhouse annoncent que les journaux français sont généralement d'avis qu'on devrait, par une armée de secours, venir débloquer Belfort; les Prussiens qui occupent l'Alsace seraient également fortement embarrassés et auraient même dit dans plusieurs localités qu'ils ne pensaient plus devoir rester longtemps.

A 10 heures du matin, un obus frappe le faîte de notre caserne et enlève les tuiles, en éclatant sur une assez grande place, en faisant un trou au plafond du 2e étage, juste au-dessus de l'endroit qu'occupe mon lit au rez-de-chaussée, sans pénétrer plus avant.

Le total des maisons brûlées jusqu'à présent à Danjoutin s'élève à 13.

Ce soir, on dit qu'à Mulhouse la classe ouvrière s'est insurgée contre les Prussiens et qu'il y aurait eu un mouvement du même genre à Colmar; la Miotte a tiré cette après-midi sur une colonne ennemie s'éloignant de Belfort; peut-être, comme on dit que les assiégeants ont envoyé du renfort à Mulhouse, se dirigeait-elle vers cette localité.

Un ordre du Colonel Commandant supérieur annonce qu'il a rendu, de concert avec le préfet, un arrêté sur l'émission prochaine de bons de siège, devant, à cause du manque de monnaie, remplacer les coupures des billets de banque. Une somme égale en billets de la Banque de France de 1000 francs sera déposée en lieu sûr et au besoin détruite, pour servir de garantie aux bons de siège qui devront les remplacer et dont le cours sera forcé: ces bons seront signés de M. Denfert-Rochereau, Commandant supérieur, de M.

Grosjean, préfet du Haut-Rhin, et du receveur particulier des finances (voir le texte de l'arrêté, dans le N° 23, du 31 Décembre, du *Siège de Belfort*).

Vendredi, 30 Décembre 1870 (28e jour de bombardement). Cette nuit plusieurs obus sont venus éclater dans nos environs, un ou deux entre autres sur notre caserne ; aujourd'hui le tir ennemi, sur la ville du moins, reste assez calme jusqu'au soir.

On dit que Mulhouse est effectivement le théâtre de mouvements sérieux contre les Prussiens ; on dit aussi que notre quartier général est actuellement installé à Versailles.

Soir : On nous dit qu'à Mulhouse, les Prussiens ayant demandé trois ans d'impôts d'avance, les ouvriers, sur l'instigation de leurs patrons, se sont révoltés et ont chassé l'ennemi de la ville ; les troupes allemandes seraient, dit-on, campées autour de Mulhouse et l'investiraient de façon à couper toute communication avec le dehors.

Ces deux ou trois derniers jours, nous avons eu plusieurs de nos bons pointeurs sérieusement blessés au Château, à la Justice, et aux Perches.

Samedi, 31 Décembre 1870 (29e jour de bombardement). Le tir ennemi continue toujours sans grande activité, du moins sur la ville.

Le ballon, qui devait partir le 25, part enfin aujourd'hui et semble se diriger sur Essert ou Chalonvillars ; on ne pense pas qu'il aille bien loin.

Des ordres du Commandant supérieur dispensent tous les corps de toute visite officielle pour demain 1er Janvier, accordent aux troupes une double ration de vin par homme pour la journée de demain (soit $1/2$ litre), et les engagent à ne pas se livrer aux libations accoutumées pour le jour de l'an, car l'ennemi pourrait en profiter; M. Denfert exprime la confiance que bientôt nous verrons luire le jour de la délivrance et la retraite de nos ennemis.

Les bruits au sujet des événements qui se sont passés autour de Paris, prennent, à tort ou à raison, de la consistance; un numéro du *Siècle* serait entre les mains d'un Belfortain, un numéro de l'*Industriel Alsacien* entre celles d'un militaire qui n'est jamais le même d'un récit à l'autre, et que personne ne peut arriver à trouver; on dit même que dans un instant, — qui n'arrive pas, — on va afficher à la Sous-Préfecture les nouvelles reçues qui sont positives, quoique n'étant pas encore officielles; elles consisteraient en ce qui suit: Grande bataille autour de Paris et à Orléans; 120,000 Prussiens hors de combat; locomotives routières lancées contre l'ennemi et contribuant à sa déroute; Paris débloqué à 40 lieues à la ronde; 30,000 têtes de bétail entrées à Paris pour son ravitaillement, et, d'après le fameux numéro de l'*Industriel Alsacien* du 24, toute l'armée prussienne, après cette défaite, se repliant sur Metz, où son quartier général a été placé depuis quelques jours déjà. Que croire de tout ceci? Il doit y avoir beaucoup de vrai, mais aussi beaucoup d'exagération, surtout dans les détails! Dans la soirée, j'apprends que, de divers côtés, des nouvelles, conformes quant au fond à tous ces bruits, sont en effet arrivées au Préfet, mais que n'ayant rien reçu de réellement positif, il a, de concert avec M. Denfert, envoyé dans diverses directions au moins dix exprès, il y a déjà plusieurs jours, et qu'on espère le retour au moins de l'un ou l'autre d'entre eux pour demain soir ou après-demain matin. Ils auront peut-être de la peine à rentrer, car l'homme de la Haute-Saône, venu ces jours derniers, ayant voulu repartir le lendemain, a été arrêté par les Prussiens qui lui ont pris 40 ou 60 francs et ce qu'ils ont trouvé des lettres dont il était porteur et l'ont renvoyé en ville, avec un coup de crosse sur la figure.

Dimanche, 1er Janvier 1871 (30e jour de bombardement). — Je n'aurais jamais cru inscrire cette date sur ce carnet de notes! Qu'y faire? Prendre patience encore quelque temps et avoir confiance!

La journée se passe sans que le tir ennemi ni le nôtre, commencé le matin par sept coups se suivant à intervalles très rapprochés, acquière la moindre activité: quelques obus par-ci par-là, pour nous rappeler que nous sommes dans une ville assiégée.

M. d'Arman de Pouydraguin et son ami M. Allié, commandant du 45e, chez lesquels les sous-officiers de recrutement et moi nous allons prendre le café après déjeuner, nous disent que 723 obus prussiens sont arrivés successivement sur le fort des Hautes Perches, sans blesser personne; il est vrai qu'un veilleur prévient par un coup de cornet chaque fois qu'il voit le feu d'une des pièces ennemies. Le chiffre des obus reçus par ce fort depuis le 25 décembre, de Bavilliers et Andelnans, étant estimé à 5—6000 ces tous derniers jours, il y a eu quelques blessés; mais le fait ci-dessus

prouve combien l'ennemi nous fait *relativement* peu de mal pour toute la peine qu'il se donne.

On me cite une nouvelle version de ce qui doit s'être passé à Mulhouse : la garnison prussienne venait de quitter cette localité pour venir vers Belfort, quand les ouvriers se sont soulevés et ont, entre autres, fait de forts dommages à la fonderie André Koechlin et Cie, où les Prussiens fabriquaient leurs projectiles ; là-dessus les troupes prussiennes seraient revenues et auraient rétabli l'ordre. Il y aurait aussi eu des mouvements du même genre, non seulement à Colmar, mais à Guebwiller et à Thann.

La Forge commence, depuis cette nuit, à recevoir quelques obus, envoyés d'Andelnans et Vézelois, et destinés à la Justice ou à la Miotte. Comme cette position, toujours occupée par quelques compagnies (actuellement 6 compagnies du 65e de marche, mobiles du Rhône), peut plus facilement être protégée par les canons de la Miotte que par la batterie de pièces de campagne qui y était installée, on en a fait revenir ces dernières pièces.

Dans l'après-midi on annonce qu'un des messagers envoyés au dehors vient de rentrer par Pérouse, blessé par l'ennemi, qui a tiré sur lui, sans pouvoir s'en emparer ; il faut donc espérer qu'il nous apporte les renseignements positifs que nous attendons avec tant d'impatience.

Ce soir, on annonce — je ne puis savoir si c'est exact — qu'il s'est présenté aujourd'hui un parlementaire prussien, proposant la reddition de la place, avec armes et bagages, sous la condition de ne plus servir contre la Prusse dans cette guerre ; inutile de dire que ce parlementaire ne peut avoir l'espoir sérieux de réussir.

Lundi, 2 Janvier 1871 (31ᵉ jour de bombardement). —
Le tir ennemi est plus suivi aujourd'hui et nous y répondons convenablement.

Il ne se passe aucun fait militaire à noter et nous restons dans l'expectative, sans confirmation des bruits ou nouvelles qui circulaient.

On m'apprend que, dans la nuit du 31 Décembre au 1ᵉʳ Janvier, chacun de nos forts a salué l'ennemi à minuit de trois projectiles, auxquels les Prussiens ont non moins gracieusement répondu.

Mardi, 3 Janvier 1871 (32ᵉ jour de bombardement).
Le tir ennemi, très calme cette nuit, redevient assez actif dans la journée, sur tous les points.

Enfin, on annonce d'une manière à peu près positive que l'on a entendu le canon du côté de Montbéliard (d'autres disent vers Lure), de différents points ; les instructions sont données pour suivre avec attention ces bruits lointains. De plus, des gens de Vétrigne, qui ont réussi à entrer en ville, ont annoncé que les Prussiens avaient préparé à Grosmagny une salle pour donner un bal pour le jour de l'an, mais que sur les nouvelles qu'ils ont reçues de l'intérieur la veille du bal, ils ont détruit ces préparatifs par le feu et la hache ; ces nouvelles, d'après les Prussiens eux-mêmes, les présenteraient comme ayant été mis en déroute devant Paris après une bataille où ils auraient perdu, disent-ils, 12,000 hommes (un zéro de moins que la version française); trois corps d'armée français auraient opéré leur jonction ; ils s'attendaient à ce que bientôt des Prussiens, battant en retraite, viennent passer de nos côtés. A Eloye ils auraient dirigé, affirme-t-on, leurs pièces vers la route de Giromagny ; on dit aussi qu'ils ont fait en certains points des tranchées de retraite ; en somme, ils semblent profondément démoralisés. Du reste on sait que, depuis quelque temps déjà, ceux qu'on dirigeait sur Belfort se disaient « *caput* » et auraient de beaucoup préféré aller vers Paris.

Un caporal du 45e de ligne, qui est du pays, doit quitter aujourd'hui Belfort, sous un déguisement, pour aller au dehors chercher des nouvelles.

Un ordre de M. Denfert défend de ramasser les débris de projectiles ennemis, dont on faisait commerce, ces objets appartenant à l'Etat.

Mercredi, 4 Janvier 1871 (33e jour de bombardement). – Dès ce matin, on annonce qu'il est arrivé, avant 4 heures du matin, un homme, porteur d'environ 4000 lettres, qui aurait donné les nouvelles suivantes : Bismarck, après une tentative d'assassinat faite sur lui par les Allemands, aurait été fait prisonnier, probablement, d'après les uns, livré par ses compatriotes ; Bourbaki, de notre côté, Frédéric-Charles du côté des Prussiens, auraient été tués à la tête de leurs corps d'armée ; la jonction de nos armées serait confirmée ; certains journaux confirment que le quartier général des Prussiens est à Metz et que leur armée se replie vers ce point. Le *Journal de Genève* seul démentirait la nouvelle du déblocquement de Paris. Quant aux chiffres des pertes de l'ennemi, on les indiquerait comme étant de 25,000 prisonniers. Les Badois, sur plusieurs points, feraient défaut aux Prussiens en se tournant contre eux.

Après midi, M. de Pouydraguin nous dit que M. Denfert a communiqué à son rapport les nouvelles qu'il a reçues et qu'il aurait fait arrêter celui qui donnait dans la matinée les nouvelles de Bismarck prisonnier etc., etc., les nouvelles que le Commandant supérieur considère, d'après *Le Jura* et d'autres journaux et lettres, comme positives, sont les suivantes : un ballon serait parti de Paris le 27 Décembre et aurait apporté l'avis que la Capitale n'est pas débloquée, que l'esprit y est excellent, sans qu'il s'y passât aucun fait particulier à signaler ; quant à la position de nos armées, Bourbaki serait à Bourges faisant face à l'armée du général von der Thann, le général Chanzy au Mans, faisant face à celle du duc de Mecklembourg ; Dijon serait évacué par les Prussiens et actuellement occupé par Garibaldi, enfin un corps d'armée français, commandé par un général polonais, s'intitulant Général des Vengeurs, aurait quitté Besançon pour venir débloquer Belfort, ce qui aurait engagé l'ennemi à envoyer à sa rencontre les garnisons qu'il laissait dans les villes d'Alsace ; de tous côtés le caractère de la guerre aurait changé, dans ce sens que les paysans ne manquent aucune occasion pour assassiner, piller ou dévaliser les Prussiens ; en Allemagne l'établissement de l'empire serait un fait accompli. Les Prussiens auraient brûlé six navires anglais porteurs de charbon venant en France.

Un ordre du Commandant supérieur aux troupes les prémunit contre les faux bruits qui circulent constamment depuis quelques jours et particulièrement depuis l'arrivée, ce matin, de deux messagers ; un troisième aurait présenté ces bruits comme circulant dans d'autres pays envahis, et ayant été répandus sans doute par l'ennemi pour jeter, en ne se confirmant pas, la démoralisation parmi nous, tandis qu'ils ne laissent pénétrer dans ces contrées aucun journal ni français, ni suisse, ni même allemand : il croit pouvoir répondre de ses moyens de reconnaître les nouvelles positives et en fera à l'avenir part aux troupes.

Néanmoins le messager de ce matin maintient son dire affirmant qu'il a vu les nouvelles qu'il a données, affichées à Porrentruy, et qu'à Fontaine (près Belfort), a vu une dépêche prussienne annonçant la capture de Bismarck par les Français, le débloquement de Paris et l'engagement de ne pas se laisser démoraliser, etc.

Le tir ennemi aujourd'hui a été assez nourri sur la ville ; ce sont toujours depuis ces derniers temps les Hautes et les Basses-Perches qui reçoivent la plus forte part de projectiles ennemis, mais une batterie de six canons installée entre ce dernier fort et le Château, dans une excellente position, leur répond vigoureusement, surtout avec l'aide des canons des forts. Bellevue fait aussi beaucoup de mal aux Prussiens, en leur envoyant, avec ses huit canons blindés, environ 500 projectiles par jour.

Jeudi, 5 Janvier 1871 (34e jour de bombardement). — Le tir ennemi reste toute la journée un peu moins fort qu'hier.

M. Favret, rédacteur du *Siège de Belfort*, me dit que d'après les avis particuliers qu'il a, le général polonais dont je parlais hier serait à la tête de 30,000 hommes environ, et s'avançait entre Besançon et Belfort ; il était, dit-il, dès le 2, à Clerval (à peu près à moitié chemin) et avait déjà eu deux engagements avec les Prussiens, engagements où l'avantage nous serait resté ; comme preuve, on a cité de nombreuses voitures (au moins 40) de blessés prussiens, dirigées sur Delle ; les troupes retirées des villes d'Alsace par les Prussiens seraient en train d'opérer leur concentration entre Montbéliard et Audincourt, pour s'opposer au passage de notre armée de secours.

Un fait que je ne note qu'à contre-cœur s'est passé hier : Un Prussien, comme c'était arrivé à diverses reprises, entre en rapport avec nos sentinelles avancées et finit par s'approcher de deux d'entre elles, qui, après lui avoir vidé sa gourde l'amenèrent prisonnier en ville ; le Prussien, qui était quelque peu gris au moment où il avait fait des avances à nos deux factionnaires, une fois dégrisé, fut à juste titre indigné du procédé employé à son égard et en pleura longtemps ; néanmoins il fut maintenu prisonnier et l'on se contenta de doubler les postes au point où ce fait s'était passé ; à Danjoutin, je crois.

Vendredi, 6 Janvier 1871 (35e jour de bombardement). — Le tir ennemi est aujourd'hui à peu près aussi calme qu'hier.

Les bruits au sujet de l'armée de secours qui approche semblent prendre de plus en plus de consistance : on dit qu'on s'est battu à Montbéliard ; d'après les uns nous aurions repris cette place aux Prussiens, d'après les autres nous y tiendrions bloqués 30,000 Prussiens ; d'autres enfin, et ceux-là sont plus probablement dans le vrai, se contentent de dire que depuis ce matin l'armée des Vengeurs est engagée autour de cette ville. On persiste à dire que Paris est débloqué depuis le 2 janvier ; puisse ce bruit se confirmer !

Certaines denrées alimentaires deviennent à peu près introuvables : on ne trouve plus de bière du tout ; le sucre, hier très rare à 2 francs le demi-kilo, ne peut plus être trouvé aujourd'hui qu'en poudre au même prix ; le veau coûte 3 francs le demi-kilo ; les bougies 5 francs le kilo, très rares, même ainsi ; pois secs 0.50 fr. le demi-kilo ; pommes de terre 2.60 fr. le double décalitre ; beurre 3.50 fr. la livre ; la circulation des bons de siège vient encore joindre, chez quelques commerçants, de nouvelles difficultés à celles qui résultaient déjà de la rareté de beaucoup d'articles.

Le numéro du *Siège de Belfort*, paru aujourd'hui, annonce qu'il y a eu à Morvillars une rixe entre les Prussiens et les Bavarois, qui prétendent qu'on les met toujours en avant dans les mouvements dangereux à opérer.

Samedi 7 Janvier 1871 (36ᵉ jour de bombardement). — Ce matin, nous apprenons que Pérouse vient de recevoir des projectiles incendiaires des Prussiens, et que plusieurs incendies y sont allumés. A Danjoutin, également, l'ennemi a mis le feu à une ferme.

Le tir ennemi conserve toute la journée une intensité qu'il n'a pas eue depuis assez longtemps et nous y répondons avec la même vigueur.

Après midi, quelqu'un qui revient de Danjoutin me dit qu'un de nos postes vient d'être occupé par les Prussiens et que, par suite, les troupes que nous avons dans ce village se trouvent dans une situation assez difficile, c'est-à-dire qu'elles sont cernées de plusieurs côtés et qu'il ne leur reste guère qu'une issue sérieuse vers la place. Il semble cependant que la situation soit exagérée par ce récit.

Des lettres de Mulhouse annoncent que cette ville est toujours occupée par les Prussiens ; elles ne parlent pas des troubles d'ouvriers dont on a fait le récit à Belfort ; celui qui les a apportées dit aussi qu'il ne sait rien du tout à cet égard, sinon que dans la nuit du 31 Décembre au 1er Janvier deux Prussiens ont été « saignés ». Ces lettres disent qu'on a à Mulhouse bonne confiance dans l'issue des événements actuels, et confirment la mise en route — déjà il y a quelque temps — d'un corps d'armée, parti de Lyon, estimé, par les uns à 60,000 hommes, par les autres à 100 ou même 150,000 hommes.

On assure que près d'un tiers de notre garnison serait malade, mais M. de Pouydraguin nous certifie que le nombre des malades est au-dessous de 1000.

L'ennemi a installé aujourd'hui 5 nouveaux canons près d'Essert.

On raconte que Gambetta aurait, dans une proclamation, le 22 Décembre, dit à Bordeaux que « la guerre ne fait que commencer ». Enfin, l'on me communique la dépêche suivante du 3 décembre, qui a été apportée d'Etueffont par la fille Courtot, d'Offemont, sans autres explications :

« 10,000 hommes hors de combat, 5000 prisonniers. Trochu va sur la Normandie à la tête de 250,000 hommes ; Guillaume et Bismarck sont en fuite sur Metz. Gambetta a donné la main à Ducrot sous les murs de Paris ; 6000 Bavarois ont déserté, 6000 ont déposé les armes ».

On ne sait absolument quelle valeur accorder à cette dépêche, remise à la fille C. par une sœur d'Etueffont.

Dimanche, 8 Janvier 1871 (37ᵉ jour de bombardement). — Cette nuit, à 3 1/2 heures, la générale est battue par toute la ville ; je me rends au Pavillon H, où se trouve ma compagnie, qui attend des ordres : elle finit par n'en pas recevoir. Dès le premier moment, on dit que Danjoutin a été attaqué et que de nos troupes y sont dans une situation critique.

Voici l'ensemble des détails que j'obtiens, jusqu'au soir : On s'attendait dès le soir à une attaque de la part de l'ennemi pour la nuit, et les compagnies installées au Fourneau avaient reçu l'ordre de ne pas se déshabiller ; néanmoins, bien des précautions qui auraient dû être prises par les chefs de corps, en prévision de cet événement, *ont été négligées*. Vers minuit, la nuit étant assez claire, les Prussiens, en assez grand nombre, attaquèrent Danjoutin, et, occupant les talus du chemin de fer entre ce village et le Fourneau, s'avancèrent de ce côté pour cerner Danjoutin ; deux compagnies de mobiles de Saône-et-Loire, placées entre le chemin de fer et le Fourneau, les voyant arriver de divers côtés, se replièrent immédiatement en désordre sur le Fourneau, presque sans brûler une cartouche, au lieu de défendre ce passage et de se replier, quand la position ne serait plus tenable, sur Danjoutin pour renforcer les troupes qui s'y trouvaient, c'est-à-dire 1 compagnie mobile du Haut-Rhin (du 1ᵉʳ bataillon, capitaine Isaac Koechlin-Kullmann), 2 1/2 compagnies de mobiles de Saône-et-Loire et la compagnie des francs-tireurs d'Altkirch (capitaine Gingembre) ; la position entière était commandée par M. Gelly du 45ᵉ, qui se trouvait ainsi à la tête de *6 à 700 hommes*. Au moment où les deux compagnies de Saône-et-Loire se repliaient, la compagnie du Haut-Rhin, qui occupait le Fourneau (environ 70 hommes), partait pour les soutenir et, les rencontrant, tâcha de les ramener vers l'ennemi, ce qui lui fut impossible ; elle s'avança donc, seule, jusqu'à quelques mètres du chemin de fer, en colonne serrée, ce qui était un tort, et partie de ses hommes seulement ayant les fusils chargés, autre négligence ; aussi au moment où elle allait arriver au talus du chemin de fer, fut-elle assaillie par une grêle de balles qui la força à se replier également presque sans tirer. Puis 4 compagnies du 1er bataillon du 16e de marche (mobiles du Rhône) arrivèrent d'un autre côté et essayèrent de pénétrer à Danjoutin, mais elles furent reçues par de telles volées de mitrailleuses envoyées par 2, puis 4, puis 6, puis 8 pièces de canon placées successivement par l'ennemi, qu'elles ne purent y arriver et durent à leur tour se replier. Des compagnies du 57e (Haute-Saône) venant de Pérouse et voulant descendre par les Perches, furent également réduites à l'inaction par la grêle de projectiles qui couvrait ces forts. Pendant ce temps, nos forts ne pouvaient que peu tirer en raison des mouvements de nos troupes, et nos hommes qui occupaient Danjoutin se battaient comme des lions, étant livrés à leurs propres ressources, et, installés dans les maisons, se défendaient héroïquement en tirant par les fenêtres : ils ont ainsi, tout en subissant de bien fortes pertes, dû en infliger de sérieuses à l'ennemi, tandis que partout ailleurs l'ennemi nous en infligeait sans que nous puissions y répondre sérieusement, tous nos mouvements ayant été paralysés.

Comme, dans cette malheureuse affaire, il y avait de nombreuses négligences qui avaient eu des conséquences sérieuses, le colonel Denfert donna aux troupes l'ordre suivant au rapport de la place de l'après-midi :

ORDRE

Le Commandant supérieur a été vivement affecté ce matin par la perte de la plus grande partie du détachement de Danjoutin, qui a été fait prisonnier de guerre, sans qu'on pût lui porter secours. La faute doit tout d'abord en être attribuée aux deux compagnies de Saône-et-Loire placées près du passage à niveau du chemin de fer. Les hommes de ces deux compagnies et leurs officiers ont manqué à leur devoir, en ne résistant pas à outrance à la colonne ennemie qui les a assaillis. Leur devoir strict était de tenir jusqu'au dernier pour assurer la retraite de leurs camarades. Le conseil de guerre sera appelé à apprécier la conduite des officiers en cette circonstance.

Le commandant de la compagnie du Haut-Rhin, cantonnée au moulin entre le Fourneau et Danjoutin, a également manqué à tous ses devoirs en ne se portant pas avec la partie de ses forces disponibles au secours du village de Danjoutin, aussitôt qu'il entendait la fusillade. Servant de renfort, d'après les instructions formelles, au village de Danjoutin, il ne pouvait hésiter à se porter en avant, au lieu de se replier honteusement sans combat sur le Fourneau, en laissant sans secours les compagnies placées dans le village. Enfin, les commandants des Hautes- et des Basses-Perches ont montré avec quelle négligence ils plaçaient leurs grand'-gardes et leurs sentinelles, par l'impossibilité où ils sont restés pendant plusieurs heures de savoir aux postes ce qui se passait et de pouvoir m'en rendre compte. Le Commandant supérieur pense que cet exemple leur servira de leçon pour l'avenir et qu'ils assureront désormais d'une manière plus rigoureuse le placement de leurs grand'gardes avec les sentinelles du fort lui-même, de manière à être avertis immédiatement de tout ce qui se passe.

Enfin, des compagnies du 16e régiment, 1er bataillon, appelées à marcher pour la reprise du village ont mis, à sortir de leur caserne et à se réunir en armes sur la place, beaucoup trop de temps. Il est indispensable que les troupes déploient plus de diligence en cas d'alerte, si elles veulent être en mesure d'agir efficacement.

Belfort, le 8 Janvier 1871.

Le Colonel commandant supérieur :
(Signé) DENFERT.

On reproche encore, à tort ou à raison, à bon nombre des officiers de la garnison de n'avoir pas été à leurs postes au moment voulu ou même de s'être, volontairement ou non, complètement abstenus.

Le tir ennemi et le nôtre furent assez vifs toute la matinée ; dans l'après-midi, ils se calmèrent tous deux. On dit même que l'on voyait les Prussiens exécuter, sans être le moins du monde dérangés par nos canons qui auraient parfaitement pu les atteindre, des travaux le long de la ligne du chemin de fer.

Ce soir, on ne sait encore aucun détail précis sur le sort du détachement cerné à Danjoutin, et dont quelques hommes seulement ont pu s'échapper.

Lundi, 9 Janvier 1871 (38ᵉ jour de bombardement).
— Dès le matin, le feu de l'ennemi est très vif et nous y répondons avec une force égale.

Au rapport du matin, on donne communication de la note suivante, du colonel Denfert, gouverneur :

NOTE

L'ennemi bombarde et s'acharne contre nous, parce qu'il voit que les jours sont comptés devant la place. Veillez avec soin et énergie, nos efforts seront couronnés de succès et peuvent accélérer la retraite de l'ennemi. De bonnes nouvelles certaines reçues par le Commandant supérieur seront communiquées demain au rapport. Le général de Bressolles avec 40,000 hommes à Besançon, Bourbaki avec toute son armée, 140,000 hommes entre Dijon et Gray ; Garibaldi l'accompagnera avec 12 ou 15,000 hommes.

Belfort, le 8 Janvier 1871.

Le Colonel commandant supérieur :

(Signé) DENFERT.

Dans la journée, on me rapporte que M. Schwob a reçu de ses parents de Lure, aujourd'hui même, une lettre lui annonçant que les Prussiens ont évacué cette ville, et qu'ils ont été remplacés par de nos troupes. On me dit également que sur les troupes qui sont allées comme renfort à Danjoutin, il n'y a eu, sauf rectification, que 28 tués.

Des lettres de Mulhouse annoncent que c'est le 24, 25 et le 26 que 42,000 hommes sont partis de Lyon pour Besançon.

Dans la soirée, on affirme que l'on a entendu aujourd'hui le canon gronder entre Chalonvillars et Lure, qu'on se bat près de Chalonvillars, qu'on a vu des colonnes ennemies, évaluées à 4000 hommes, se diriger à marche forcée vers Héricourt, etc. Exagérés ou non, ces bruits ont certainement un fond de vérité, et il se prépare des événements sérieux qui tourneront à notre avantage, espérons-le !

Entre 4 et 5 heures, le feu ennemi s'est complètement tu, le nôtre a continué assez vif, jusque vers 6 heures, puis la soirée a été calme.

J'oubliais de relater que la nuit dernière, nos six canons, qui étaient placés entre le Château et les Perches, et, faisant partie de la batterie de campagne, se trouvaient actuellement trop exposés au feu de l'ennemi pour pouvoir être bien utiles, tandis qu'ils manqueraient en cas de sortie sérieuse, ont été ramenés en ville.

Les Prussiens ont, paraît-il, envoyé plusieurs pièces à Dannemarie, pour les installer sur le chemin de fer pour barrer le passage en cas d'attaque de nos troupes de secours de ce côté.

Hier ou aujourd'hui, la maison Lang, au faubourg de Montbéliard, a été incendiée par les projectiles ennemis.

Mardi, 10 Janvier 1871 (39e jour de bombardement). — La ville reçoit de l'ennemi des projectiles aussi nombreux que la veille et nous y répondons vigoureusement.

Au rapport de la Place on communique l'ordre suivant rectifiant et complétant celui de la veille :

ORDRE

Dans son ordre du 8 janvier sur l'affaire de Danjoutin, le Commandant supérieur, trompé par de faux renseignements, a accusé à tort M. le capitaine Mayer, commandant la 8ᵉ compagnie du 5ᵉ bataillon du Haut-Rhin, de ne pas s'être porté au secours de Danjoutin, au premier bruit de la fusillade et s'être replié sur le Fourneau. Il résulte des faits constatés depuis, que M. le capitaine Mayer s'est au contraire porté en avant au premier bruit de la fusillade et que c'est alors qu'il a rencontré les mobiles de Saône-et-Loire et leurs officiers en fuite. Il a vainement cherché à les ramener en avant. Débordé par la masse des fuyards, il n'était pas secondé pour les ramener dans la voie du devoir par les officiers de Saône-et-Loire; alors seulement il est rentré non au Fourneau, mais au poste qu'il occupait au Moulin, en m'envoyant prévenir et me demander des ordres [1]. Les 6ᵉ et 7ᵉ compagnies de Saône-et-Loire seules, avec leurs officiers, se sont repliées sur le Fourneau. Dans cette affaire, les compagnies de Saône-et-Loire ont seules manqué à leur devoir et le Commandant supérieur constate que la conduite du capitaine Mayer, dans la matinée du 8 janvier, a été ce qu'elle devait être et annule, en ce qui le concerne, le blâme infligé par l'ordre du 8 janvier courant.

Belfort, le 9 Janvier 1871.

Le Colonel commandant supérieur :

(Signé) DENFERT.

---

[1] C'est en effet, me disait-on dès la veille, un sergent et un homme de cette compagnie qui sont venus à 1 ¼ heure du matin prévenir M. Denfert.

De quelques détails qu'on me donne sur l'affaire de Danjoutin, il résulterait que le chiffre de nos troupes dans le village s'élevait à près de 800, la plupart actuellement prisonniers, sans doute, et dont partie auront été tués ; on dit que le capitaine Isaac Koechlin, parmi les prisonniers, a été légèrement blessé au bras, que le commandant Gelly, du 45e, en raison de sa belle défense, a été autorisé à conserver son sabre, que les Prussiens ont eu environ 120 tués, etc.

Dans l'après-midi, il y a un commencement d'incendie à l'Hôtel de ville ; il est facilement maîtrisé, le 45e de ligne étant venu immédiatement offrir son secours (ce dont un ordre du lendemain matin le félicite).

M. D'Arman de Pouydraguin m'annonce cette après-midi que, le travail allant être épuisé au Recrutement, il se ferait un « cas de conscience » de me conserver plus longtemps et qu'il m'engage à faire mon possible pour me trouver quelque emploi d'ici quelques jours.

On s'attend pour ce soir à une attaque de l'ennemi sur Pérouse ; dans la journée, probablement en partie en prévision de cette attaque, on change les postes des divers corps, et le bataillon entier du 84e est envoyé occuper Pérouse.

Mercredi, 11 Janvier 1871 (40e jour de bombardement). La nuit, de même que la précédente, a été assez bruyante des deux parts : cependant aucune attaque n'a eu lieu sur Pérouse. Le feu ennemi reste très vif toute la journée ; à 6 $\frac{1}{2}$ heures du soir, il se calme enfin pour toute la soirée.

Aucun événement militaire ne signale la journée, sauf une fusillade, entre avant-postes sans doute, vers Valdoie, dans la forêt de l'Arsot, qui a eu lieu ce matin. On a vu également de très fortes colonnes ennemies se diriger de Sermamagny vers Chalonvillars, d'autres vers Héricourt; il paraît que les Prussiens continuent à concentrer des troupes dans cette direction, et, d'un autre côté, des lettres de Mulhouse de ces jours derniers annonçaient qu'il arrivait plusieurs trains par jour, amenant des renforts de troupes pour l'armée assiégeante de Belfort.

Les forts des Hautes- et des Basses-Perches restent à peu près paralysés par le nombre prodigieux de projectiles qu'ils reçoivent; ainsi, le premier de ces forts a reçu hier environ 1500 bombes; on s'attend d'un jour ou d'une nuit à l'autre à une attaque sur ces forts, qui sont prêts à la recevoir.

On dit que les prisonniers français envoyés dans les diverses villes d'Allemagne avaient concerté une révolte générale pour le jour de Noël, mais que, les Prussiens en ayant eu connaissance et ayant pris de nombreuses précautions pour la déjouer, elle a été remise au premier moment favorable.

Je reçois quelques nouveaux renseignements sur l'affaire de Danjoutin, contenus, me dit-on, dans une lettre du capitaine Isaac Koechlin, apportée par un de nos médecins militaires, qui était à cette affaire et s'est, au moment où elle était terminée, rencontré avec un de ses anciens camarades de l'Ecole de médecine militaire de Strasbourg. Le combat, commencé le 7 à la nuit, aurait duré jusqu'au lendemain matin à 10 heures et nos 800 hommes se seraient si bien défendus que les Prussiens n'ont pu comprendre qu'ils aient pu tenir si longtemps, et, admirant cette belle conduite, ont autorisé le commandant Gelly à garder son sabre. De notre côté, écrivait le capitaine Koechlin, il n'y aurait eu qu'une trentaine de blessés, pas de tués; du côté des Prussiens, une vingtaine de tués, environ 200 blessés; nos prisonniers (y compris Ed. Dollfus-Dettwiller) très bien traités du reste, seraient dirigés sur Stettin; le capitaine Koechlin ne serait pas blessé[1], ainsi que cela était dit hier, et aurait remis son sabre, quand il ne pouvait plus résister, entre les mains d'un ancien ouvrier qui a été employé plus de quinze ans dans la maison Kullmann.

Plusieurs changements dans la situation et des postes de combat de notre garnison sont ordonnés pour ce soir; la batterie de campagne, de huit pièces, est entièrement prête, caissons garnis, etc., et si, d'un instant à l'autre, nous ne sommes pas attaqués, nous attaquerons nous-mêmes: tel serait du moins le dire du Commandant de Place, ce soir.

Un ordre d'aujourd'hui recommande aux militaires occupant tous les postes extérieurs, de ne reposer la nuit que « tout habillés et chaussés, ayant leurs sacs bouclés et leurs fusils à portée », pour éviter toute surprise. Dans la journée, sauf les jours de brouillard épais, ceux qui ne sont pas de service, pourront se reposer plus complètement, car de jour « les sentinelles peuvent voir venir l'ennemi de loin et les grand'gardes peuvent soutenir la lutte plus aisément et plus longtemps, avec l'appui de notre artillerie. »

Un homme, venant aujourd'hui même de Montbéliard, a annoncé cette après-midi que l'avant-garde de l'armée de secours y était quand il est parti.

---

[1] La blessure au bras a été confirmée plus tard.

Jeudi, 12 Janvier 1871 (41ᵉ jour de bombardement). — La nuit a été calme, mais dans la journée *ça rapplique dur*, comme on entend dire à Belfort ; le feu est effectivement très vif pendant quelques heures du milieu de la journée, et il vient particulièrement beaucoup d'obus du côté de l'Espérance.

M. de Pouydraguin nous dit que le colonel Denfert a dit au rapport que Bourbaki, avec déjà 60,000 hommes, est à Besançon, qu'on y attend encore des forces de Lyon, le tout devant venir opérer dans l'Est, et par conséquent tâcher de débloquer Belfort. Le prince Frédéric-Charles est, paraît-il, très embarrassé de savoir s'il doit venir arrêter ce mouvement de l'Est, ou s'il doit rester à portée de Paris, vers lequel Chanzy, de l'armée de la Loire, prépare des mouvements.

Outre ces nouvelles, qui doivent pouvoir être considérées comme certaines, il y a divers bruits qui circulent en ville : Keller serait également à Besançon avec ses troupes franches ; on parle d'une avant-garde française (d'environ 6000 hommes) qui serait à Héricourt, de corps français qui seraient à Giromagny, d'un combat qui devrait avoir lieu aujourd'hui même à Montbéliard ou environs ; tous ces bruits semblent être sans fondement sérieux et sont sans doute le résultat de l'impatience avec laquelle on attend les secours dont on parle depuis si longtemps.

On doit, ce soir, envoyer de nos troupes couper la route du côté de Danjoutin, sans doute pour entraver les mouvements que les Prussiens pourraient avoir l'idée de faire de ce côté.

Vendredi 13 Janvier 1871 (42ᵉ jour de bombardement). — Il y a eu assez d'activité cette nuit dans le tir ennemi et dans le nôtre ; cette activité continue jusqu'après 2 heures de l'après-midi ; puis il y a beaucoup plus de calme jusqu'au soir.

On a vu aujourd'hui du fort des Barres au moins quinze voitures portant le drapeau de l'Internationale, passant entre Buc et Chalonvillars ; quoique quelquefois MM. les Prussiens ornent leurs voitures de munitions du drapeau à croix rouge, sans aucune espèce de scrupule, on suppose que ces voitures étaient chargées de blessés, car la précaution du drapeau eut été inutile pour des munitions, la portée de nos canons n'allant pas jusque-là. On a également compté de la Miotte 106 voitures qu'on supposait chargées de blessés ; on disait même que les canons de ce fort avait tiré sur ce convoi (?)[1]

Un contrebandier confirme qu'il se trouve à Héricourt une avant-garde française d'environ 6000 hommes ; il affirme de plus qu'il y a une armée de 90,000 hommes à Beaucourt. On dit que Frédéric-Charles, voyant ce mouvement vers l'Est, s'empresse d'y venir également avec 120,000 hommes ; quelques-uns ajoutent même que Chanzy le suit pour nous appuyer. Depuis deux ou trois jours les Prussiens nous envoient quelques forts jolis projectiles, tels que des obus (tirés, dit-on, par une pièce de 72 installée à Bavilliers) de 22 cm de diamètre sur 53 de long, dont l'un est tombé au pied du Château sans éclater, et des boulets de 32.

Au rapport de la Place, de cette après-midi, l'on a communiqué l'extrait suivant des nouvelles reçues par M. Denfert ;

---

[1] 106 voitures de blessés ont effectivement passé à Etueffont.

Fort de la Miotte

ce sont les nouvelles promises le 8/9 courant et qui devaient paraître dans le *Siège de Belfort :* certains passages ne sont que résumés ou incomplets pour diverses raisons :

Nouvelles reçues par M. le Commandant supérieur.

Paris admirable de patriotisme et de courage ; Trochu à la tête d'une armée d'au moins 300,000 hommes disciplinés et organisés, pouvant lutter avec les meilleures troupes prussiennes.

Nord : l'armée de Faidherbe vient de reprendre l'offensive et a remporté une victoire signalée à Bapaume.

Armée de la Loire : Chanzy y conserve ses positions autour du Mans, arrivé à Vendôme.

Armée de secours pour Belfort et l'Alsace : le général de Bressolles avec 40,000 hommes est arrivé à Besançon, Garibaldi avec 12 ou 15,000 hommes réoccupe Dijon, évacué sans combat par l'ennemi.

Tout le corps d'armée de Bourbaki, 120 à 140,000 hommes, s'avance par Chalon, Dijon, Auxonne, Vesoul, pour se jeter dans les Vosges et l'Alsace, sur les derrières de l'armée prussienne.

Armée allemande : grand découragement parmi tous les soldats envoyés sous Belfort, passage à Mulhouse de l'artillerie saxonne, levées allemandes faites sont composées de jeunes gens non exercés et d'hommes de 45 à 50 ans. Grande animosité entre Bavarois et Prussiens ; possibilité de grandes défections.

Situation générale améliorée d'une façon presque miraculeuse. On dit que 800 hommes de l'armée de secours, cernés par quelques mille Prussiens, se sont réfugiés sur le territoire suisse, ces jours derniers.

Samedi, 14 Janvier 1871 (43º jour de bombardement). — Dès le matin M. de Pouydraguin nous fait dire qu'une dépêche officielle, arrivée hier soir, annonce que le 9, l'armée de secours a remporté une grande victoire en avant de Montbéliard. Dans la matinée, on nous dit que cette nouvelle a été apportée par un zouave à M. Denfert, qui, après l'avoir lue, a fait dîner le zouave avec lui. On parle également d'un succès que nous aurions eu du côté de Villersexel, et, effectivement au rapport du matin, on communique ce qui suit :

« M. le Préfet du Haut-Rhin a reçu ce soir par messager, venant de Blamont, une dépêche chiffrée du sous-préfet de Montbéliard, portant la date du 11 Janvier : « Victoire avant-hier à Villersexel ; l'armée de l'Est marche en avant ; c'est le moment ou jamais de redoubler de vigilance. »

Suivant les uns, ces deux affaires, celle de Villersexel et celle de « en avant de Montbéliard », n'en seraient qu'une seule, suivant d'autres, ce seraient deux victoires distinctes, et le Préfet n'aurait reçu qu'aujourd'hui l'avis de celle de Montbéliard, qui aurait eu lieu vers Audincourt et serait plus importante que l'autre. Pour celle de Villersexel, on parlait vaguement de 40,000 Prussiens et 10,000 Français hors de combat.

On disait que les boulangers allaient recevoir de la farine pour préparer du pain pour l'arrivée de l'armée de secours : la vérité est que les ouvriers de la Manutention militaire travaillent deux fois plus dans ce but, et que les boulangers reçoivent de la farine pour fournir à toutes les demandes de la population civile.

Quelques obus ont été échangés la nuit dernière; après une matinée très calme (relativement), le feu ennemi prend de l'activité entre 2 et 4 heures et c'est toujours du côté de la Manutention et de l'Espérance (notre quartier) que vient la plus grande partie des projectiles, de même que ces trois derniers jours.

P. S. — Soirée : Le commandant Duringe, du 1er bataillon du 16e de marche, cantonné à la Forge, a envoyé tout à l'heure au colonel Denfert un avis par lequel il le prévient qu'il entend très distinctement une canonnade dans la direction de Lure ; une femme venue à Belfort dit de plus qu'Evette et Chalonvillars sont complètement évacués par les Prussiens ; on sait que c'est dans cette dernière localité que l'ennemi avait son parc d'artillerie. Il paraît également que les positions et tranchées qu'occupaient les Prussiens, entre Bessoncourt et Pérouse, sont également occupées par nous. Des voitures se sont éloignées entre Bessoncourt et Chèvremont, marchant très lentement, d'où l'on suppose qu'elles étaient lourdement chargées : serait-ce du matériel que MM. les Prussiens déménagent? On a également entendu dans la même direction siffler des locomotives.

Dimanche, 15 Janvier 1871 (44e jour de bombardement). — Après quelques projectiles échangés pendant la nuit, le tir ennemi semble, ce matin, promettre de devenir assez actif; mais cette activité est de courte durée et est calmée à 10 heures.

A 11 heures, on nous prévient que, depuis environ une heure, on entend très distinctement une canonnade, très suivie; effectivement nous la distinguons très bien, et supposons qu'elle a lieu dans la direction de Lure à Ronchamp. Peu après nous apprenons que, des points avancés, on a commencé à l'entendre dès 4 heures du matin, qu'elle n'a pas cessé de se rapprocher depuis lors; on nous dit qu'on se bat entre Héricourt et Banvillars, plus tard on dit que c'est entre Buc et Châtenois; quelqu'un dit qu'on se bat également entre Ronchamp et Lure; ce serait donc Bourbaki ou partie de son corps de ce côté, Bressolles et peut-être partie du corps de Bourbaki vers Héricourt; de ce côté, le roulement est continu et devient de plus en plus distinct; on remarque au milieu du grondement des canons « le tonnerre des mitrailleuses »; on dit que ces armées ont parmi leur artillerie des pièces portant à 9 km, se chargeant par la culasse, et pouvant être traînées par 2 chevaux; on croit Garibaldi et ses troupes du côté de Giromagny; les Vengeurs sont annoncés du côté de Roppe, et M. Keller-Haas a envoyé de Foussemagne, dit-on, un franc-tireur et un fourrier pour prévenir de son arrivée avec ses hommes, afin qu'on ne tire pas sur eux quand on les verra venir (il doit également avoir fait prévenir qu'on lui prépare à souper!). De plus nos troupes ont occupé Valdoie, où il y a eu une fusillade, Bessoncourt, Chèvremont et même Vezelois, évacués par l'ennemi.

Il se passe donc des événements d'une haute importance tout autour de nous, et chacun est dans une anxiété poignante, ce qui se comprend. Pendant ce temps que font nos assiégeants? D'abord ils tirent très peu, il semble qu'ils veulent simplement nous montrer de temps en temps qu'ils sont encore là ; du Château cependant on les voit faire des mouvements qui indiquent plutôt des préparatifs de départ : ils attellent, par exemple, jusqu'à 30 chevaux à leur fameuse pièce de 72, à Bavilliers, sans pouvoir la faire démarrer.

La population civile de Belfort se montre plus qu'elle ne l'a fait depuis longtemps, et, par curiosité, s'expose à bien des points, en raison des projectiles qui arrivent encore, aussi y a-t-il eu plusieurs blessés.

A 5 heures du soir, la canonnade se calmant un peu, les canons de tous nos forts tirent cinq coups à blanc, pour indiquer à nos troupes de secours, la position et la distance de Belfort, et leur faire comprendre que la place tient toujours et croit à un succès de leur côté ; cela fait, pendant un bon moment, une canonnade très vive.

A 6 heures tout était à peu près calme et, à partir de ce moment, les détonations se bornent à l'échange de quelques projectiles entre les Prussiens assiégeants et nos forts ; cependant, des personnes qui étaient sur des points plus avancés affirment avoir entendu quelques coups de canon assez avant dans la soirée, et une fusillade à 10 heures, le tout du côté de la bataille.

Dans la soirée, les forts des Barres et de Bellevue reçoivent des sachets à mitraille, pour le cas où ils pourraient s'en servir ; on ne peut les employer efficacement qu'à 250 ou 300 mètres. De ces forts, on voyait distinctement aujourd'hui éclater en l'air des projectiles lancés dans la bataille.

Lundi, 16 Janvier 1871 (45e jour de bombardement). — La nuit a été fort tapageuse, surtout de la part de nos forts; les Prussiens ont également envoyé un certain nombre de projectiles, dont beaucoup arrivent du côté de l'Espérance; cependant, il paraîtrait qu'ils ne se servent plus que de fort peu de leurs pièces, soit qu'ils en aient enlevé un certain nombre, soit, ainsi qu'on le dit, qu'une bonne partie ait été démontée par notre tir.

On ne sait toujours rien de la journée d'hier, mais, à 8 heures du matin, la canonnade recommence et continue jusqu'à 5 heures du soir, toujours terriblement nourrie; elle semble avoir tourné, d'un côté, vers Dannemarie et, de l'autre, rester entre Héricourt et Lure, comme s'il y avait deux affaires distinctes, dont l'une comprendrait un mouvement tournant. Quelques personnes affirment que, hier matin à 3 heures, les Prussiens ont commencé à être repoussés de Montbéliard, de sorte que, depuis lors, la bataille se serait constamment avancée de notre côté.

Il paraît qu'il est inexact que nous ayons occupé Chèvremont, Bessoncourt, Vezelois; en tous cas, cela demande encore confirmation. Une reconnaissance de cinq ou six compagnies de la Haute-Saône et quelques troupes du 45e ont été envoyées vers Essert et Bavilliers, pour tâcher d'enlever les tranchées prussiennes, ou au moins de les reconnaître; son succès semble avoir été douteux.

Un Garibaldien est arrivé ce soir chez le Gouverneur; il était porteur de dépêches. On disait aujourd'hui, comme déjà hier, du reste, que Frédéric-Charles quittait décidément les environs de Paris pour venir de nos côtés.

C'est à dater d'aujourd'hui que je quitte le bureau de recrutement pour être attaché immédiatement à l'ambulance qui va être installée au Campement; j'aurai, sous la direction du capitaine Juster à travailler à son installation d'abord, à la surveillance générale ensuite.

Le tir ennemi reste très régulier, surtout pendant deux ou trois heures au milieu du jour, pour le petit nombre de pièces dont les Prussiens semblent encore disposer, et il arrive passablement d'obus sur l'Espérance et le Château, envoyés en partie de Bossemont.

Mardi, 17 Janvier 1871 (46e jour de bombardement). — Dès 5 heures du matin, la canonnade avait recommencé, toujours à distance et dans les mêmes directions que les deux jours précédents. Les coups, cependant, sont plus distincts; sont-ils plus rapprochés de nous ou faut-il l'attribuer à l'état de l'atmosphère, le dégel étant survenu? On ne sait toujours rien de positif; cependant, on nous dit qu'il est venu un émissaire, et, soit d'après lui, soit d'après d'autres personnes, divers bruits circulent en ville. Ainsi, des paysans des environs auraient assuré que le parc d'artillerie de Chalonvillars aurait été pris par les nôtres, que l'on se bat du côté d'Essert, etc. Il est certain que le Château a reçu l'ordre de ne plus tirer dans cette direction, mais que la Miotte continue à tirer; de plus on apprend qu'il y a eu une très vive fusillade cette nuit de 1 à 2 heures; on dit que nous avons constamment eu le dessus depuis dimanche, que Bourbaki et Bressolles ont ensemble environ 190,000 hommes, que ces troupes, accompagnées d'une très forte artillerie (200 pièces, dont partie anglaises, américaines, etc.) ont complètement cerné l'armée assiégeante et ont séparé les corps de Werder et de Treskow; nous occuperions actuellement les hauteurs de Bermont; on dit aussi qu'on se bat à Bas-Evette, où nos troupes seraient arrivées, que nous aurions pris 60 canons (peut-être à Chalonvillars), etc., etc. Il est certain que les officiers de l'état-major de la Place ont répété qu'ils avaient des nouvelles, et qu'elles sont bonnes.

Pendant la journée le feu de l'ennemi reste assez régulier, quoique l'on voie qu'il part de quelques pièces seulement ; le nôtre y répond de même. Toute l'après-midi nous travaillons, aidés de quelques hommes de corvée, à l'installation de l'Ambulance dans l'ancien local du magasin du Campement, car, dès demain, l'hôpital de l'Espérance doit évacuer chez nous 40 blessés.

Mercredi, 18 Janvier 1871 (47e jour de bombardement). — On continue à entendre, mais avec moins de suite, le canon dans le lointain ; on a toujours peu de nouvelles sur ce qui se passe, mais on annonce que nos officiers supérieurs en ont et auraient dit, sans donner de détails, qu'elles sont bonnes et qu'effectivement Chalonvillars et Châtenois auraient été pris par l'armée de secours.

Les obus prussiens continuent à arriver en ville en assez bon nombre.

Les notes de cette journée et du lendemain, rédigées en retard, sont incomplètes à cause de mes nombreuses occupations pour installer l'ambulance où, à 5 heures du soir, nous recevons 40 blessés, évacués de l'hôpital de l'Espérance. Je constate avec satisfaction que la plupart de ces blessés sont en bonne voie de guérison, de sorte que notre service d'infirmerie et de secours, encore très incomplètement organisé, pourra suffire provisoirement.

Ambulance du Campement installée dans la maison Grosborne

Jeudi, 19 Janvier 1871 (48ᵉ jour de bombardement). — (Ces notes du 19 sont incomplètes). Au rapport de la Place, le matin, le Commandant supérieur fait communiquer la note suivante, datée de la veille : « D'après les observations que j'ai fait contrôler, je crois pouvoir affirmer que notre armée a combattu aujourd'hui contre l'ennemi à Beaucourt. Ce point de vue est à 5 ou 6 km en avant des lignes que nous occupions de ce côté le 12 janvier au matin. »

Il y a eu hier soir une vive fusillade, suivie d'une canonnade de tous nos forts : nos éclaireurs ont fait sortir l'ennemi de ses tranchées et alors nos forts l'ont canonné.

On a encore entendu le canon dans le lointain ; d'après certaines personnes, une partie de l'armée de secours se jetterait sur les Vosges, pour déboucher en Alsace par la vallée de Thann.

Notre Ambulance commence à fonctionner, mais il y a encore beaucoup à faire pour que tout soit au complet : c'est M. le docteur Bernard qui est chargé du service médical. Je prends mes derniers repas à la popote du recrutement, et m'installe un lit au premier étage de la maison Grosborne, au-dessus de notre Ambulance, dans une cuisine donnant sur la cour intérieure où s'installe également le sergent Mauge, infirmier de visite ; le local est sûr et le lit meilleur que le lit militaire que j'avais au bureau du recrutement.

Vendredi, 20 Janvier 1871 (49ᵉ jour de bombardement). — On n'apprend rien de l'armée de secours ; en attendant, quelques obus viennent tomber autour de l'église, à peu de distance de notre Ambulance ; nous commençons, dans cette dernière, à avoir un service régulier. Dans la soirée, un des gros obus envoyés par la pièce de 72 de Bavilliers vient, au Château, pénétrer dans un petit magasin où se trouvaient beaucoup de grenades chargées et des obus tout préparés ; tous ces projectiles font explosion, soit plusieurs à la fois, soit successivement, lançant les terres et les pierres de tous côtés et faisant de nombreux blessés, 32, me dit-on, dont partie sont morts le soir : des bras et des jambes ont, paraît-il, été jetés jusqu'au faubourg du Fourneau. J'ai commencé à prendre mes repas aujourd'hui à la maison Grosborne ; avouons que la cuisine de l'Ambulance est meilleure et surtout plus proprement faite que celle du recrutement ; les sœurs sont plus expérimentées décidément, dans la préparation des aliments, que les sergents de recrutement.

Samedi, 21 Janvier 1871 (50e jour de bombardement). — Dès le matin, j'apprends que les Prussiens nous ont enlevé Pérouse cette nuit ; ils ont commencé au moyen de *notre* mot d'ordre à relever nos sentinelles, en les faisant prisonnières au moment où ils étaient près d'elles ; puis nos sentinelles avancées étant prisonnières, et ne pouvant plus nous prévenir, ils ont cherché à cerner nos compagnies occupant Pérouse : celles-ci n'étant pas en nombre, ont dû se replier. Pendant la fusillade, les Perches, tirant sur leurs batteries de Vezelois, ne recevaient pas de réponse à leurs projectiles. Mais, depuis ce matin, nous avons reçu bon nombre de projectiles, dont plusieurs sont venus par leurs débris faire quelques dégâts matériels à notre Ambulance. Ces projectiles venaient de Danjoutin, où l'on suppose un peu que, pendant l'affaire de Pérouse, les Prussiens ont installé la batterie qu'ils avaient à Vezelois, ce qui explique qu'ils n'aient pas tiré de cet endroit. Toute la journée le tir ennemi conserve une vivacité qu'il a eue rarement, et les dégâts en ville ont été importants. Deux mortiers prussiens ont, paraît-il, été installés entre la gare et Bellevue ; espérons que l'armée de secours, dont malheureusement on parle peu depuis deux jours, viendra les empêcher de s'en servir.

Dimanche, 22 Janvier 1871 (51e jour de bombardement). — Triste dimanche ! Toute la nuit les projectiles prussiens ont plu sur la ville, et la maison Grosborne, où s'est placée notre Ambulance, en a reçu sa part ; quelques éclats ont de nouveau pénétré dans l'Ambulance même, heureusement sans toucher personne ; après midi, un obus est venu éclater dans l'embrasure de la fenêtre de l'angle donnant sur la place et a inondé la salle d'éclats d'obus, de poussière, de fumée et d'avoine provenant des sacs employés pour blinder ce côté, et qui contribuent à amortir le choc et la dispersion des éclats. Cette fois encore, bien heureusement, tout le monde a été préservé. On travaille constamment au blindage de toute la salle, mais ce n'est pas facile, au milieu des lits qui la remplissent, et ce blindage suffirait-il à arrêter les obus ? Toute la journée, après une nuit terrible, on a à craindre de nouveaux projectiles ; enfin, dans la soirée le calme se rétablit, et notre blindage, auquel on travaille jusque vers minuit, est bien avancé. Si l'ennemi ne tire pas trop, nous pourrons tous dormir assez tranquillement.

Lundi, 23 Janvier 1871 (52e jour de bombardement). — La nuit a effectivement été calme, très calme même relativement à la dernière; ce matin, à 8 heures, le feu de l'ennemi recommence; la caserne de l'Espérance reçoit quantité de projectiles envoyés de Danjoutin.

On dit que, dès 3 heures du matin, on a entendu gronder le canon dans le lointain, dans la direction de Thann, croit-on; on assure que Bourbaki (par les Vosges) et Bressolles (du côté de Dannemarie), auraient opéré leur jonction de ce côté, où probablement se livre une bataille sérieuse. Des colonnes serrées de Prussiens ont été vues hier, dans une attitude menaçante entre Pérouse et Bavilliers, sur presque tous les points : ce matin, on n'en voit plus trace; peut-être ont-elles été servir de renforts aux armées allemandes, du côté où l'on se bat, vers Thann. Puisse cette nouvelle bataille être à notre avantage et nous permettre d'être bientôt débloqués ! Il en serait temps, car tout le monde commence à être bien las, et la garnison bien éprouvée par ce long et terrible siège !

On assure de plus que les projectiles commencent à beaucoup s'épuiser, et — mais cette version est probablement exagérée — qu'il n'en resterait plus même pour tirer « à volonté » pendant *une* journée. En temps ordinaire on ne tire plus qu'à boulets pleins.

La ville a reçu toute la journée de très nombreux projectiles, parmi lesquels beaucoup de shrapnels, qui ont blessé passablement de personnes. Dans la soirée le feu se calme un peu.

Mardi, 24 Janvier 1871 (53e jour de bombardement). — La nuit a été calme relativement, surtout pour la ville; mais, dès le matin, les obus recommencent à siffler avec suite et blessent beaucoup de militaires et de civils.

Fonderie d'obus installée, dans l'intérieur de la ville, pendant le siège de Belfort

— 139 —

On ne parle plus de canonnade lointaine, mais on persiste à parler de la jonction de Bourbaki et de Bressolles du côté de Thann.

A 3 heures du matin, on a entendu une fusillade du côté de la Forge, entre avant-postes probablement.

Dans l'après-midi, on annonce positivement qu'il est venu un courrier, amené par les éclaireurs du 16e, qui aurait apporté les nouvelles suivantes : Bourbaki serait à Thann avec 140,000 hommes, et se chargerait en six jours de débarrasser l'Alsace de ses envahisseurs ; d'un autre côté Bressolles et Garibaldi, à l'Isle-s/le-Doubs, seraient en train de former une armée considérable, munie d'une artillerie formidable. Ce qui semble confirmer ces on-dit, c'est que le capitaine Dejean, major de la Place, a, en réponse à une observation qu'on lui faisait, dit que « dans six jours nous nous promènerons sur la place d'Armes, en toute sécurité. »

Puissent ces espérances se réaliser et n'avoir pas le sort de tant d'autres ! En attendant, les Prussiens tirent toujours beaucoup et nous répondons peu à leur feu.

Mercredi, 25 Janvier 1871 (54e jour de bombardement). — Hier soir, à 8 heures, le tir des Prussiens, assez calme dans la soirée, a pris une grande intensité, et a continué sur le même pied jusqu'à 5 ou 6 heures du matin ; la maison Grosborne a reçu au moins 12 projectiles pendant cette pénible nuit, dont environ moitié dans les deux chambres faisant face à la nôtre, dans laquelle un rayon a été culbuté sur nos lits par la secousse ; de plus, quand nous avons voulu voir au dehors s'il n'y avait pas à agir pour éteindre quelque commencement d'incendie ou arranger quelque blindage, nous avons trouvé notre porte fermée de telle sorte que nous avons dû faire sauter avec une barre de fer une partie de la serrure, déviée et forcée par la secousse qu'avait éprouvé la cloison. La cloison faisant face à la nôtre, à 1 mètre de distance, de l'autre côté du corridor, était percée, crevassée ou déviée sur presque toute sa largeur, ainsi que nous l'avons constaté le matin. Heureusement personne, ni le sergent Mauge ou moi, ni des blessés de l'ambulance, n'a été atteint.

Des nouvelles sont arrivées ce matin, paraît-il; il en résulterait que la canonnade des 15, 16, 17 au sud de Belfort, avait pour but principal d'attirer l'attention et le gros des forces des Prussiens de ce côté, pour laisser à Bourbaki le temps de faire passer les Vosges à un corps d'armée du côté de Remiremont; puis, n'étant pas en forces suffisantes pour lutter contre les forces prussiennes envoyées au sud de Belfort, le corps d'armée qui opérait de ce côté, après avoir aidé au passage des Vosges, aurait reçu l'ordre de se retirer pour attendre des renforts; actuellement, sans doute avec un mouvement combiné du corps que l'on dit du côté de Thann, cette armée s'avancerait vers nous par Héricourt et Lure.

Le tir ennemi a été aujourd'hui beaucoup moins vif qu'hier et cette nuit.

Ce soir nous nous coucherons dans une nouvelle pièce, bien plus sûre (et plus propre) que celle où nous avons été inquiétés par les obus la nuit dernière.

Jeudi, 26 Janvier 1871 (55e jour de bombardement, 85e du siège). — La nuit a été assez calme, et nous avons été bien tranquilles dans notre nouvelle chambre. La journée continue de même, sauf une ou deux heures de feu vif de la part de l'ennemi dans le milieu de la journée.

Aucun fait intéressant à signaler ne se passe. Le colonel Marty doit, assure-t-on, avoir reçu une lettre lui disant que les Prussiens ont été vigoureusement brossés à Cernay ; ce fait se confirmera-t-il ? Il est positif qu'on a vu hier de fortes colonnes ennemies s'éloigner, allant probablement de ce côté.

Soirée : à 7 heures commence des deux parts une canonnade terrible ; on entend les coups se succéder à chaque seconde au moins, et l'œil perçoit encore de bien plus nombreux éclairs provenant des coups que l'on n'entend pas ; de la maison que nous occupons l'on n'entend pas la générale, on assure cependant qu'elle est battue, au moins dans certains quartiers. On affirme que les Prussiens ont attaqué les Perches et chacun attend dans l'anxiété : le tapage continue environ une heure ou une heure et demie, puis tout se calme ; nous saurons demain ce qui s'est passé.

Vendredi, 27 Janvier 1871 (56e jour de bombardement, 86e du siège). - La nuit a été assez calme. Voici ce que l'on sait de l'attaque d'hier soir sur les Perches : les Prussiens se sont avancés vers les Basses-Perches et ont essayé de s'en emparer par un coup de main hardi ; ils étaient munis de planches, de cordes, etc., pour escalader les parapets, mais ils ont été si bien reçus par une bonne fusillade, et une canonnade répondant avec une énergie incroyable à la leur, que nous leur avons fait 211 prisonniers, dont 37 sont blessés ; quelques-uns, paraît-il, s'étaient empêtrés dans les fils de fer qui entourent les Basses-Perches. De plus, ils ont eu beaucoup de tués, tandis que de notre côté, il n'y aurait eu que 6 blessés. C'est ainsi que réussit à MM. les Prussiens leur attaque sur un fort *improvisé*, défendu par 11 canons seulement ; (les Hautes-Perches sont de la même construction et n'ont que 11 canons et 2 mortiers).

Aucune nouvelle de l'extérieur ne se répand aujourd'hui ; cependant il est arrivé un courrier ; on dit que les Prussiens, autour de Belfort, sont très démoralisés et avouent avoir déjà perdu 12,000 hommes au siège de cette place qui, comme Ehrenbreitstein, « est autre chose que Strasbourg ».

Soir : Tout est calme : il paraît que les Prussiens ont demandé un armistice de deux heures pour enlever et enterrer leurs nombreux morts ; cet armistice leur a été accordé ; on n'est plus du tout habitué à un calme pareil, sans exemple depuis 56 jours.

P. S. — Il paraît que les Prussiens ont eu au moins 250 à 300 morts à enlever de l'affaire d'hier soir, et que le chiffre des prisonniers, plusieurs hommes ayant été trouvés blottis à différentes places, est arrivé bien près de 250. On m'assure que ce chiffre aurait été beaucoup plus élevé sans une de nos compagnies qui, lors de l'attaque, a refusé au premier moment d'avancer, croyant le fort attaqué par des forces déjà trop nombreuses, alors qu'il n'y avait encore qu'une quinzaine d'ennemis ; les chefs eux-mêmes n'ont pas su dès le début faire surmonter à cette compagnie cette crainte. Une fois la lutte engagée, les soldats du génie, quoique en petit nombre, présents à l'affaire, contribuèrent beaucoup à repousser l'ennemi, en se jetant sur lui à la baïonnette, qui ne manque jamais son effet avec les Prussiens, paraît-il. De nôtre côté le total des pertes s'élève à 26 hommes hors de combat, dit-on ce soir; dans ce chiffre rectifié figurent 5 ou 6 tués.

Samedi, 28 Janvier 1871 (57ᵉ jour de bombardement, 87ᵉ du siège). — La nuit a été calme. On dit que des forts des Perches, et de divers autres points on a entendu cette nuit une canonnade du côté de Delle, et c'est assez possible, des troupes françaises de secours se trouvant probablement dans cette direction.

Dans la journée le tir est, par moments, plus vif que les jours précédents : on attribue un peu cette recrudescence à un sentiment de vengeance des Prussiens, à la suite de ce qui vient d'arriver aux leurs à Villersexel, où un certain nombre d'entre eux ont trouvé la mort dans le château de M. de Grammont : six cents Prussiens qui s'y trouvaient refusaient de se rendre ; M. de Grammont, au camp français, déclara que d'après la construction de son château, muni de meurtrières, etc., ils pourraient parfaitement résister, et qu'il ne voyait moyen d'en venir à bout qu'en le bombardant et l'incendiant au besoin, ce qui fut fait ; les Prussiens bombardés se réfugièrent dans les caves, et l'incendie s'étant déclaré, ils y trouvèrent la mort dans les flammes et la fumée. A ce propos, notons que dans l'affaire de Villersexel du 9, les Prussiens avouent eux-mêmes avoir perdu 15,000 hommes.

Parmi les projectiles que nous recevons, il y a toujours beaucoup de shrapnels ; le château reçoit aussi de temps en temps la visite d'un *enfant de troupe :* tel est le nom pittoresque donné aux obus envoyés de Bavilliers par la fameuse pièce prussienne de 72 ; ces obus, dont j'ai dit deux mots il y a quelque temps, mesurent 22 cm de diamètre de culasse, 55 de longueur, et pèsent 78 kilogrammes dans lesquels figurent 8 kilogrammes de poudre contenue dans leur intérieur ; on les entend de très loin, et, par suite plus longtemps que les obus ordinaires ; leur sifflement ressemble à une sorte de roucoulement qu'on reconnaît facilement, aussi dès qu'on commence à l'entendre, comme au moindre sifflement la plupart des personnes cherchent à s'abriter, et que pour ces obus-là on connaît d'avance leur direction, entend-on quelquefois les personnes dire, en cessant de se détourner : « C'est inutile, c'est l'Enfant de troupe ». C'est le seul obus que l'on voit venir à peu près distinctement.

Dimanche, 29 Janvier 1871 (58ᵉ jour de bombardement, 88ᵉ du siège). — La nuit a été plus bruyante que la précédente, et, vers 5 heures surtout, le tir ennemi prenait une certaine activité, quand le nôtre s'est mis pendant un moment à lui répondre avec une certaine impatience ; il paraît que les Prussiens avaient installé 4 pièces, de petite dimension du reste (des pièces de campagne de 4, dit-on), du côté de Valdoie et commençaient à bombarder la Forge, quand l'ouvrage à cornes de l'Espérance et la Miotte leur répondirent et leur démontèrent bientôt leur batterie.

Sauf quelques séries isolées de projectiles, la journée est beaucoup plus calme que toutes les précédentes ; y a-t-il quelque chose là-dessous ? On rencontre à diverses reprises en ville les prisonniers prussiens, faisant des corvées de bois, de pain, etc. ; ils attirent vivement l'attention de la population : c'est que c'est un spectacle pour nous que des prisonniers prussiens ! Pendant ce temps, comme contraste, les villes allemandes sont encombrées de prisonniers français !

Soirée : J'apprends qu'une personne digne de foi (Mme Bumsell) a reçu de sa sœur, qui habite Montbéliard, une lettre lui annonçant que cette ville (et ses environs) sont occupés par 200,000 Français ; est-ce à la présence de cette armée qu'il faut attribuer le calme que les Prussiens ont mis aujourd'hui dans leur feu ? Ce soir, cependant, il arrive quelques nouvelles séries d'obus.

Lundi, 30 Janvier 1871 (59e jour de bombardement, 89e du siège). — Nuit assez calme, émaillée de quelques vigoureux obus dans les maisons de notre voisinage, y compris la nôtre (maison Grosborne).

Aucune nouvelle extérieure, aucun on-dit nouveau. Dans la journée, surtout l'après-midi, jusque vers 5/6 heures, tir prussien vif, calme ensuite jusqu'au soir. Vers 7 heures, canonnade très suivie partant de nos forts extérieurs, des Perches et du derrière du Château probablement.

Mardi, 31 Janvier 1871 (60e jour de bombardement, 90e du siège). — On me dit que depuis hier il circule des bruits au sujet d'un armistice de 20 jours qui serait conclu : ces bruits sont sans doute éclos dans une cave d'assiégés ; en est-il de même de celui d'après lequel Bourbaki aurait été battu entre Dôle et Salins ? Ce dernier semble mis en circulation par les Prussiens, et je croirais plutôt à la lettre de la parente de Mme Bumsell qui n'a aucun intérêt à répandre des nouvelles non fondées.

Nuit assez bruyante ; quelques obus sur la maison Grosborne et les environs ; on dit de plus qu'il arrive quelques bombes en ville, on cite entre autres la Manutention et le voisinage du café Miné comme en ayant reçu ; il est certain qu'il arrive des obus à fusées incendiaires et à balles, en grand nombre, depuis quelques jours ; dans la journée, le feu ennemi devient de nouveau bien actif : un obus a coupé les deux jambes à un malade à l'ambulance de l'Hôtel de ville ; il en est mort peu après.

A 9 heures, le feu devient très actif de la part des Prussiens et nos forts y répondent vivement ; il arrive en ville quelques bombes, entre autres des *bombes à pétrole* ; après 10 heures, il y a plus de calme.

Mercredi, 1ᵉʳ Février 1871 (61ᵉ jour de bombardement, 91ᵉ du siège). — Vers 4 ou 5 heures du matin, après une nuit plutôt plus bruyante que d'habitude, les Prussiens recommencent à nous envoyer beaucoup d'obus ; nos forts y répondent, comme hier soir plus vivement que d'habitude ; la Miotte entre autres tire beaucoup. Les Perches ont, paraît-il, reçu beaucoup de bombes cette nuit : elles sont envoyées sur ces forts et sur l'arsenal depuis Danjoutin ; quelques-unes viennent jusqu'en ville, par exemple entre la prison et l'Hôtel de ville.

On dit, ce matin, que l'on a entendu le canon dans la direction de Roppe ; cela se confirmera-t-il et pouvons-nous enfin espérer d'être délivrés bientôt ?

Après-midi : Les bruits les plus divers circulent en ville : notons-les sous toute réserve et dans l'ordre dans lequel ils me parviennent :

1° Le colonel Denfert serait assez disposé à rendre la ville, pour éviter aux habitants les conséquences d'un siège poussé à outrance, et rétablir les communications avec l'extérieur, mais il continuerait à défendre avec la garnison tous les forts;

2° La paix serait faite à l'heure qu'il est;

3° Bourbaki s'avancerait sur Belfort à marche forcée;

4° On se batterait à Giromagny;

5° Paris aurait capitulé.

Il y a eu cette nuit un certain nombre de militaires du 45e, placés dans des postes avancés, qui ont passé à l'ennemi ou déserté; on en évalue le chiffre à une quinzaine; la nuit précédente 25 hommes du 45e avaient commencé par donner l'exemple à ceux-ci.

Soirée : On dit encore que Bourbaki a battu les Prussiens entre Dôle et Mouchard. De 9 à 11 heures, nos forts tirent énormément, les Prussiens tirent très peu; vers cette dernière heure, ils envoient quelques obus et bombes. Y aurait-il quelque nouvelle attaque?

Jeudi, 2 Février 1871 (62e jour de bombardement, 92e du siège). — A 4 heures du matin, forte canonnade de nos forts; que se passe-t-il? En somme, cependant, la nuit a été calme, sauf ces deux séries isolées de coups de canon de nos forts. Ce matin, on apprend qu'il ne s'est rien passé : c'était tout au plus quelques escarmouches d'avant-postes qui ont provoqué les canonnades de cette nuit.

On raconte qu'il est venu un parlementaire et qu'un des buts de sa visite serait d'annoncer au Commandant la capitulation de Paris, dont on parlait déjà hier. Attendons encore la confirmation de cette nouvelle pour y croire.

Après-midi : un capitaine du Rhône, venu de l'Ambulance, dit que le Colonel Denfert a fait part dans son rapport qu'il s'est présenté à la ferme Sibb, près Bellevue, un parlementaire (peut-être est-ce plutôt une sentinelle, comme à la Forge, voir plus loin) ; ce parlementaire aurait déclaré (et même remis un écrit à cet égard) que Paris a capitulé le 28 et que, les forts ayant été évacués par la garnison, les Prussiens s'y seraient installés ; que de plus, l'armée de l'Ouest serait cernée et que, par suite de tous ces événements, un armistice de trois semaines aurait été conclu, nouvelle qui doit d'un instant à l'autre nous arriver de Bordeaux [1].

Est-ce à ces faits qu'il faut attribuer le grand calme du tir des Prussiens qui nous envoient aujourd'hui à peine quelques obus de temps en temps pour répondre aux nôtres ? Du reste, depuis deux jours, la maison Grosborne, les maisons Laroyenne et Nizole et l'église reçoivent un peu moins de projectiles, ces derniers frappant plutôt l'Hôtel de ville, la maison Saglio, la prison et les maisons voisines.

Après 9 heures du soir, le tir ennemi redevient très actif, comme ces jours derniers, et l'on entend toujours siffler les bombes parmi les obus. Nos forts, le Château particulièrement, répondent avec vivacité.

Vendredi, 3 Février 1871 (63ᵉ jour de bombardement, 93ᵉ du siège). — Les Prussiens ont plus ou moins tiré toute la nuit, et le Château, ayant eu le « tir à volonté » pour cette nuit, y a répondu par un tir bien plus vif encore.

---

[1] A la Forge une sentinelle prussienne s'est avancée la crosse en l'air vers l'une des nôtres et lui a montré ou remis une dépêche portant les mêmes nouvelles.

Il paraît qu'hier après-midi trois femmes des environs de Vesoul et Luxeuil sont arrivées à Valdoie, disant qu'on a annoncé à son de tambour et par affiches dans leur pays qu'il y a un armistice, ou même que la paix est faite et que toutes les communications sont libres ; un homme de Valdoie s'est joint à elles, et tous quatre sont venus vers Belfort y voir des parents, mais, arrivés à nos avant-postes, ils ont été arrêtés et conduits à la Place. Ces personnes furent relâchées le 3 au soir.

Aujourd'hui, depuis le matin les Prussiens tirent beaucoup et nous leur répondons convenablement. Les Prussiens ont, paraît-il, installé une nouvelle batterie entre Pérouse et Chèvremont, pour tirer sur le Château : les coups trop longs iront frapper du côté de la gare et des faubourgs avoisinants. L'après-midi, le feu se calme peu à peu, mais, entre 8 et 9 heures, il reprend de plus belle des deux parts et nous recevons de nouveau en ville quantité d'obus et de bombes.

Samedi, 4 Février 1871 (64ᵉ jour de bombardement, 94ᵉ du siège). — Des deux côtés, on n'a pas cessé de tirer toute la nuit ; notre quartier n'a cependant pas été trop éprouvé. Pendant deux heures on a entendu une vive fusillade : c'était une nouvelle attaque que les Prussiens tentaient sur les Basses-Perches et qui heureusement est restée infructueuse. Comme les Prussiens ne sont plus qu'à environ 150 mètres de ce fort, dans leurs tranchées, et que, pour chaque coup de canon que ce fort tire, ils nous renvoient quantité de bombes et d'obus, il paraît qu'il a été décidé qu'aujourd'hui même on retirerait les quelques canons qui s'y trouvent.

Après-midi : Je viens de causer à des artilleurs de la Haute-Garonne, des Hautes- et des Basses-Perches, qui m'ont donné quelques détails sur l'attaque de ces jours derniers : les Prussiens, magnifiquement outillés sous tous les rapports, se sont avancés pour l'assaut en masses très serrées et arrivaient à travailler à la destruction des palissades de ces forts, malgré les efforts de nos troupes; nos canons, généralement peu en état de tirer, ne pouvaient être de grande utilité; ceux des autres forts portaient trop loin. Cependant, quelques rares coups, peut-être même un seul, des Perches tirés à mitraille, réussirent à culbuter jusqu'à 50 hommes par coup; les Prussiens attachaient aux palissades des sacs remplis de poudre destinés à les incendier et à les faire sauter, lorsque tout le monde s'étant mis à tirer, même les officiers, les uns avec des chassepots, excellents en pareille occasion à cause de la rapidité du tir, les autres avec des revolvers, ils ne purent y tenir et durent se replier tant bien que mal, nous laissant de très nombreux prisonniers et abandonnant de très nombreux morts, de telle sorte qu'on peut estimer à 600 le nombre des hommes qui leur furent mis hors de combat dans cette affaire, où toutes nos troupes se sont admirablement battues.

L'avant-dernière nuit fut très calme de part et d'autre, les Prussiens, comme nous, travaillant activement à leurs retranchements. Quant à la dernière nuit, celle d'hier à aujourd'hui, les Perches reçurent quantité de projectiles, le guetteur des Hautes-Perches ayant compté, pour ce fort, jusqu'à 15 ou 1600 obus, et 2 à 300 bombes, sans compter les grenades que les Prussiens envoient par leurs mortiers dans des sortes de sacoches en fil de fer qui en contiennent vingt ou trente.

Depuis avant-hier, le Château tire sur les Prussiens, mais sans leur faire grand mal à cause des tranchées : 240 boulets pleins par heure.

Les Prussiens sont à 50 ou 70 mètres des deux forts des Perches et l'on tâche de déménager nos canons, car on compte pour cette nuit sur une attaque, où peut-être ils pourront s'emparer de ces forts : mais pourront-ils les conserver sous le feu du Château, qui alors vomira avec efficacité ses 240 coups par heure? On pense cependant qu'ils pourront, les Perches prises, établir à leur abri quelques nouvelles batteries pour tirer sur le Château. C'est ce soir que tirera probablement la batterie qu'ils installent à Pérouse.

La nuit dernière, de 7 heures du soir à 4 heures du matin, la fusillade n'a pas cessé entre les Perches et les Prussiens; nous n'avons eu aucun blessé, le tir ennemi passant constamment trop haut; par contre on leur a mis passablement d'hommes hors de combat; il est inexact qu'ils aient attaqué ces forts : tout s'est borné à cet échange de balles, obus, bombes, grenades. On pense que si les Perches ne sont pas attaquées cette nuit et prises par l'ennemi, ou vaillamment défendues par nos troupes avec grandes pertes de l'ennemi, nous serons forcés de les évacuer demain, ainsi que les Prussiens l'espèrent, — d'après ce qu'ont dit leurs insolents prisonniers, le 27 au soir, — d'après des mouvements de nos troupes qu'ils avaient parfaitement vus.

Le capitaine du Rhône, qui nous a déjà renseignés ces jours derniers, vient nous annoncer qu'il se confirme que Paris a capitulé le 27, que sa garnison est prisonnière, que l'armée de la Loire et celle du Nord, bloquées, ont un armistice de 21 jours, enfin que 500 pièces de gros calibre sont dirigées de Paris sur Belfort, que les Prussiens veulent prendre à toute force. Espérons que la paix sera conclue avant l'arrivée de ces 500 visiteurs nouveaux, désagréables s'il en fut!

Est-ce sur cette nouvelle que se basait le prisonnier prussien qui disait à un artilleur des Perches : « Si vous nous démontez 600 pièces, nous en avons 1200 par derrière pour les remplacer »? On ajoute à tous ces bruits que Bourbaki et les corps de secours sont en pleine déroute.

Soirée : M. Juster (le capitaine) nous annonce que le Colonel Denfert a annoncé officiellement au préfet et au maire qu'il avait envoyé, à 3 heures de l'après-midi, M. Krafft, capitaine du Génie, comme parlementaire au général prussien, à Roppe ou à Bourogne, pour demander l'autorisation d'aller à Bâle pour y envoyer une dépêche chiffrée au Gouvernement de Bordeaux, afin d'être fixé sur ce qui se passe et ce qui doit se passer ici ; il résulterait en effet des renseignements actuels que Belfort serait actuellement seul à tenir et à combattre, tandis que les autres corps jouiraient d'un armistice : pourquoi n'en profiterions-nous pas également ? Et que devons-nous faire dans cette situation ?

Dimanche, 5 Février 1871 (65e jour de bombardement, 95e du siège). — Les Prussiens et les Français ont tiré toute la nuit sans désemparer ; ils continuent toute la matinée. On nous dit que les forts des Perches ont été évacués par nos troupes, sauf deux compagnies qui préparent des mines qui seront garnies de poudre.

On annonce que Trochu et Gambetta, ayant eu la main forcée par la population de Paris, pour signer la capitulation, ont donné leur démission.

On assure que nous n'avons plus de projectiles que pour trois jours (10,000, je crois) et que néanmoins les artilleurs ont reçu l'ordre de tirer à volonté avec obus, afin que, le cas échéant, les Prussiens n'en trouvent plus ; après les obus, on continuera à tirer à boulets.

Le parlementaire d'hier a obtenu l'autorisation demandée et il est parti un officier à 3 heures du matin pour la Suisse, et un autre, paraît-il, à 9 heures. On en conclut que dans cinq jours tout sera fini, que la paix sera faite, etc.

Au rapport de la Place le Colonel Denfert communique l'ordre suivant :

ORDRE

En présence des bruits qui circulent et de la consistance croissante qu'ils ont pris, le Colonel Commandant supérieur a cru devoir écrire au Général Commandant les troupes allemandes, pour lui demander l'autorisation d'envoyer un des officiers de son état-major se renseigner à Bâle sur les événements qui se sont passés en France ces derniers jours. Cette demande a été accordée aussitôt et M. le capitaine d'état-major Châtel est parti ce matin. Cet officier a mission de se renseigner à Bâle et de prendre les instructions du Gouvernement français, qui serviront de règle pour notre conduite ultérieure. Le Commandant supérieur, en portant ces faits à la connaissance des troupes et de la population, compte que la garnison et les habitants conserveront dans les moments pénibles que nous traversons l'attitude résolue qui a valu à notre place l'honneur d'opposer jusqu'ici une résistance plus énergique que toutes les autres places de la France.

Belfort, le 5 Février 1871.

Le Colonel Commandant supérieur :

(Signé) DENFERT.

En attendant, les Prussiens ont beaucoup tiré jusqu'au milieu de l'après-midi ; vers 3 heures, le feu prend dans une dépendance de l'Hôtel de ville (théâtre) et l'on évacue en toute hâte sur notre ambulance les vingt-deux malades de celle de l'Hôtel de ville ; deux heures plus tard, le feu ayant été maîtrisé, ils purent retourner à l'Hôtel de ville.

A la nuit, les Prussiens recommencent à tirer avec plus d'activité et continuent jusque vers 11 heures ; puis le calme commence à se faire.

M. Lebleu m'apprend que Ed. de Straszéwicz, neveu du préfet et lieutenant de la mobilisée, vient d'être enterré, mort avant-hier de la fièvre typhoïde.

Lundi, 6 Février 1871 (66ᵉ jour de bombardement, 96ᵉ du siège). — La nuit a été relativement calme ; il y a un peu plus de bruit ce matin, sans cependant que la canonnade soit bien forte de part et d'autre. Par contre, il dégèle en plein et un vent violent secoue les toitures, les volets, etc., faisant tomber tuiles, ardoises, cheminées et gouttières.

Depuis hier soir, il y a au Fourneau un violent incendie qui a déjà, paraît-il, activé par le vent, détruit seize maisons. (Le chiffre définitif ne dépasse pas 10 à 12 maisons).

Les parlementaires ont circulé toute la nuit : on s'attend à une solution prochaine, et bien des personnes croient qu'il y aura, à partir de midi, une suspension d'armes jusqu'au retour de M. Châtel et des instructions dont il devra être porteur. Un peu plus tard, on dit que c'est à 2 heures que commencera la suspension d'armes : 2 heures se passent et les Prussiens continuent à tirer ; cependant, toute la journée, leur tir reste assez calme.

A la nuit, comme d'habitude depuis quelques jours, ils recommencent à nous envoyer des bombes : à 6 $^1/_2$ heures, il en tombe une dans la cour ; elle crevasse la voûte de la cave et fait jaillir le fumier, qui blindait la cour, jusqu'au 3e étage, en brisant par la secousse toutes les vitres des fenêtres donnant sur la cour. Heureusement personne n'est blessé, ni dans l'ambulance, ni dans la maison. Cette bombe et plusieurs autres, tombées dans les rues avoisinantes et surtout sur la place, nous engagent à descendre à la cave, déjà habitée par de nombreux ménages, pour y chercher un gîte plus sûr que notre chambre dont les fenêtres viennent d'être brisées ; pendant que nous cherchons à nous installer dans un coin encore disponible, vers 8$^1/_2$ heures, nous sentons la fumée, et, presqu'en même temps, des personnes habitant la cave disent que le feu est au fumier de la cour ; la cave et la cour se remplissent d'une fumée épaisse au milieu de laquelle de nombreux travailleurs accourus de toute part cherchent à éteindre le feu, qui a gagné le poutrage d'une partie de la cave et une provision de fagots, qui s'y trouvait. Tous les habitants de la cave se réfugient de divers côtés ; enfin, après minuit, le feu étant maîtrisé et même presque entièrement éteint, ayant été obligés de renoncer à nous installer dans la cave, à cause de l'eau qui en couvre le sol et de la fumée qui y règne, nous nous installons tant bien que mal derrière le blindage de notre ambulance et y dormons à peu près convenablement.

Dans la journée, les Perches, après le déménagement des canons, hormis deux qui ont été encloués, furent évacuées par nos troupes, sauf une compagnie de grand'garde laissée dans chacun de ces deux forts, avec ordre de se replier en cas d'attaque.

Le capitaine Juster m'engage à ajourner des bons pour quelques vivres que l'administration militaire devait livrer à notre ambulance, par le motif que l'administration va probablement céder aux hôpitaux et ambulances, et même aux habitants, une forte partie de ses provisions, en prévision de la possibilité d'une entrée des Prussiens dans la place ; ceci et bien d'autres choses sentent la capitulation ; chacun, naturellement, déplore les événements qui l'auront amenée, si elle a lieu, mais cependant il faut avouer que tout le monde est tellement las de la situation que généralement on semble soulagé de voir approcher la solution.

Quelques personnes croient que M. Châtel doit revenir cette nuit de sa mission en Suisse ; on dit que les Prussiens ne lui ont accordé que 48 heures ; quoique ce retour ne me semble pas pouvoir encore avoir lieu, il ne devrait donc guère tarder.

Mardi, 7 Février 1871 (67e jour de bombardement, 97e du siège). — La nuit a été un peu plus calme que la dernière, mais aujourd'hui le tir de l'ennemi reste toute la journée plus vif qu'hier.

M. Châtel n'est pas encore revenu : on l'attend aujourd'hui.

On dit que certaines compagnies ont reçu l'ordre de se préparer à rendre leurs cartouches, nouvel indice ; quelqu'un dit au sergent Mauge que le « conseil de reddition » de la place va se réunir ; après examen, c'est du conseil de *révision* des jugements du Conseil de guerre qu'il s'agit !

Le commencement d'incendie d'hier soir est expliqué, par les uns, par le dérangement d'un des tuyaux de fourneaux sortant de la cave, produit par un éclat de la bombe tombée à 6 1/2 heures ; suivant d'autres, et je suis de cet avis, ce feu couvait déjà depuis quelques jours et le dérangement produit par la secousse de l'explosion de la bombe n'aurait fait que permettre à la fumée de sortir et de trahir la présence du feu.

Le tir est assez calme ce soir, cependant, nous allons coucher à la cave et nous y installons, après souper, nos lits, tant bien que mal, malgré l'humidité restant de l'incendie de la veille.

Mercredi, 8 Février 1871 (68e jour de bombardement, 98e du siège). — La nuit a été assez calme. Ce matin on dit que M. Châtel est revenu hier soir ; après informations, il en résulte que ce n'est pas M. Châtel, que l'on dit même parti pour Bordeaux, mais bien le parlementaire envoyé à Roppe pour la mission expliquée par les deux ordres suivants :

ORDRE

M. le capitaine prussien Heinsius, prisonnier de guerre, a demandé, à la suite d'accidents arrivés aux prisonniers par suite du bombardement, ou que je misse les prisonniers prussiens à l'abri, ou que je les renvoyasse à M. le général de Treskow. J'ai fait connaître à cet officier prussien et aux autres prisonniers de guerre, que M. le Président de la Confédération Suisse avait demandé il y a déjà quelque temps la sortie des femmes, des enfants et des vieillards, que j'avais consenti à cette sortie, malgré les inconvénients qu'elle pouvait présenter pour la défense de la Place, mais que le général de Treskow n'avait fait aucune réponse aux ouvertures de M. le Président de la Confédération et qu'ainsi les femmes, les enfants et les vieillards avaient dû rester dans la ville, exposés comme MM. les officiers et soldats prussiens aux dangers du bombardement. J'ai fait en même temps connaître aux prisonniers de guerre que je m'engageais à ne conserver que les officiers et soldats prisonniers que je pourrais mettre à l'abri, si M. le Général de Treskow voulait autoriser la sortie de Belfort des femmes, des enfants et des vieillards, comme il le lui a été demandé par M. le Président de la Confédération Suisse. MM. les officiers prussiens m'ont fait répondre par M. le capitaine Heinsius qu'ils me demandaient, comme je le leur avais offert, la communication à M. le Général de Treskow de leur réclamation et de ma réponse. Un parlementaire est parti aujourd'hui pour Roppe porter cette communication à M. le Général de Treskow, commandant en chef de l'armée assiégeante.

Belfort, le 7 Février 1871.

Le Colonel Commandant supérieur :

(Signé) DENFERT.

ORDRE

Le Colonel Commandant supérieur a reçu de M. le Général-Lieutenant de Treskow, commandant en chef de l'armée assiégeante, la réponse à la communication qu'il lui avait faite à la demande de MM. les officiers prussiens prisonniers de guerre. Cette réponse consiste dans la lettre suivante, adressée par M. le Général de Treskow à M. le Capitaine Royal Prussien Heinsius, le plus élevé en grade des prisonniers :

« En réponse à votre lettre, qui m'a été communiquée en copie par le Commandant de Belfort, je vous fais connaître qu'il m'est impossible de donner aucune suite à la demande qu'elle renferme. Il dépendait de vous de vous rendre prisonniers ou non. Ayant pris le premier parti, vous devez en supporter les conséquences. Vous voudrez bien communiquer ce qui précède aux autres officiers prisonniers. »

Belfort, le 8 Février 1871.

Le Colonel Commandant supérieur :

(Signé) DENFERT.

Le tir des Prussiens est très calme jusque vers 2 heures ; mais à ce moment, les Perches ayant, dit-on, été évacuées à midi par nos dernières troupes, les Prussiens cherchèrent à les y remplacer, et il s'en suivit une fusillade et une canonnade des plus vives des deux parts ; ce bruit dura jusque vers 4 ou 5 heures, moment où les uns disaient que ces forts étaient pris par l'ennemi, tandis que d'après les autres, ils auraient encore été défendus par une compagnie du 84e (?). Le tir se calme complètement après 5 heures.

Il y a eu cette après-midi à la Sous-Préfecture une vente de vivres et denrées diverses, faite par l'administration militaire au public ; cela semble bien indiquer une solution très prochaine. D'un autre côté on rapporte :

1° que les nouvelles de Paris se confirment, par un document officiel reçu par le préfet, que Belfort serait seul à tenir et à se battre ; que les communications entre Paris et l'intérieur sont libres aux membres du gouvernement et à tous habitants, moyennant un sauf-conduit des autorités françaises et des autorités prussiennes ; que les Prussiens occupent les forts de Paris, etc ;

2° on parle des conditions actuelles de la Prusse pour la paix ; ce serait : 10 milliards, l'Alsace, la Lorraine, le comte de Paris comme roi de France, Pondichéry et 20 vaisseaux de guerre cédés aux Prussiens.

Soirée assez calme : il pleut à verse, cela fait plaisir, car cela doit bien gêner les Prussiens : après mûre réflexion, nous nous décidons ce soir à coucher à l'Ambulance même et y installons nos lits.

Jeudi, 9 Février 1871 (69° jour de bombardement, 99° du siège). — La nuit a été fort calme sous le rapport du tir des Prussiens, qui nous envoyaient à peine un obus par heure sur la ville, et (ce qui est très réjouissant) presque pas de bombes, sans doute à cause de la pluie qui continue à tomber à verse.

Au rapport de la Place du matin, le Colonel Denfert fait communiquer la note suivante :

NOTE

J'ai reçu des journaux allemands qui m'ont été remis par M. le capitaine Krafft envoyé en parlementaire. Ce dernier les avait reçus des officiers prussiens. Je n'ai encore qu'une idée incomplète des renseignements qu'ils contiennent. Cependant, je puis donner comme positifs les faits suivants :

Mobiles du Haut-Rhin   Siège de Belfort

JOSEPH VOGT
Sergent au 5e bataillon,
décoré de la Médaille militaire
pour sa belle conduite pendant le siège.

EDMOND WEHEKIND
Sergent-greffier au Conseil de guerre
de Belfort,
détaché du 4e bataillon.

La capitulation de Paris a eu lieu le 28 Janvier. Aux termes d'un article de cette capitulation, une assemblée, élue pour décider si la paix doit être faite ou la guerre continuée, se réunira à Bordeaux le 12 de ce mois. Un armistice a été conclu pour le Nord et l'Ouest, mais pas pour l'Est, ni pour Belfort. Cet armistice demandé par la France pour ces deux derniers points a été refusé par la Prusse, ou du moins les négociations n'ont pas abouti encore. J'espère que M. le capitaine Châtel, envoyé à Bâle pour prendre les instructions du Gouvernement français, apportera sur ce point une solution. Jusque-là il importe de redoubler de vigilance et d'être prêt à repousser toutes les tentatives de l'ennemi. Tout autorise à croire que cette prolongation de résistance peut avoir les plus grandes conséquences pour conserver la place à la France, ou sinon, pour empêcher la garnison d'être prisonnière de guerre. Les jours de souffrances qui nous restent à passer sont comptés : l'armistice expire le 19 et, avant cette époque, une solution sera intervenue, si elle ne l'est pas sous très peu de temps.

Puisque l'ennemi paraît refuser à notre Gouvernement l'armistice qu'il demande pour nous, préparons-nous à continuer notre vigoureuse résistance et redoublons de vigilance contre toute surprise.

Je recommande donc à tous les commandants des forts, des faubourgs, de la gare, du camp retranché et de la ville de veiller plus activement que jamais et de se tenir prêts à repousser toute tentative de vive force.

Belfort, le 8 Février 1871.

Le Colonel Commandant supérieur :

(Signé) DENFERT.

Au rapport du soir, il était donné communication des avis suivants :

ORDRE

Le Commandant supérieur porte à la connaissance de la population et de la garnison les faits suivants : Ayant appris hier d'une manière positive par les journaux qui lui avaient été communiqués que Belfort restait seul en France à continuer les hostilités, alors que partout ailleurs on avait cessé la lutte, et la situation militaire de la place se trouvant comporter également par suite de la chute des forts des Perches, la conclusion d'un armistice facile à définir, le Commandant supérieur a cru de son devoir, au nom de l'humanité, de demander à M. le Général de Treskow, Commandant de l'armée assiégeante, la conclusion d'un armistice sur la base réciproque de la conservation de nos positions actuelles. M. le capitaine du Génie Krafft, porteur de la lettre adressée à M. le Général de Treskow, avait ordre d'attendre la réponse et mission de conclure immédiatement, si la réponse était favorable à l'armistice proposé.

Dans la nuit, un capitaine d'état-major prussien est venu donner de vive voix à M. Krafft une réponse négative basée sur ce que Belfort ayant été excepté par la convention du 28 Janvier, il n'était pas au pouvoir du général de Treskow d'altérer la situation militaire par un armistice. Cet officier prussien a encore ajouté que les hostilités continueraient, parce que, au moment de la conclusion de la paix, le sort d'une place dépendait souvent de son occupation.

M. Krafft a réclamé alors une réponse écrite à ma lettre ; elle lui a été promise, mais j'ignore si je la recevrai.

Quoi qu'il en soit, la population et la garnison sont prévenues que nulle force militaire, quelque considérable qu'elle soit, n'est en mesure de briser avant un certain temps la résistance de la place.

Elles sont prévenues également que leur sort dépend de la continuation de notre résistance jusqu'à la conclusion de la paix.

Cette conclusion ne peut tarder, notre pays n'étant malheureusement pas en mesure de continuer la lutte et l'Assemblée nationale se réunissant le 12 Février à Bordeaux.

Armons-nous de courage et de résignation et continuons pendant les quelques jours de souffrance qu'il nous reste à passer, à montrer l'attitude énergique et résolue qui nous a valu l'honneur insigne de rester debout, alors que tous les autres avaient été obligés de céder à la puissance de l'ennemi.

Belfort, le 9 Février 1871.

Le Colonel Commandant supérieur :

(Signé) DENFERT.

NOTE

Je reçois à l'instant la réponse de M. le Général de Treskow, dont voici copie en traduction française :

Au Commandant de Belfort, le Colonel Denfert-Rochereau.

« En réponse à votre lettre d'hier, j'ai l'honneur de vous informer, comme du reste mon capitaine d'état-major de Schultzendorff l'a dit de vive voix au capitaine du Génie Krafft, qu'à mon grand regret il m'est impossible de consentir à l'armistice proposé, attendu que j'ai pour mission de m'emparer de la forteresse le plus tôt possible et qu'en conséquence il m'est interdit de perdre du temps.

« Je tiens pour superflu de soumettre votre demande d'armistice à S. M. l'Empereur, d'autant plus que l'armistice pour Belfort est formellement exclu de la convention.

« Veuillez, etc. »

Belfort, le 9 Février 1871.

Le Colonel Commandant supérieur :
(Signé) DENFERT.

Ces ordres donnent presque tous les faits intéressants de la journée ; ils sont cependant complétés par les quelques renseignements suivants : L'élection des députés pour l'Assemblée du 12 à Bordeaux doit se faire dans toute la France le 8 et le 9 ; on vote à quelques kilomètres de nous, à Roppe par exemple ; Belfort et le cercle d'investissement sont seuls exceptés.

C'est le 8, à 8 heures du soir, que M. Krafft est parti pour Roppe, pour demander l'armistice dont parle le premier ordre du 9, et il en est revenu le même soir à minuit. Les Prussiens, en refusant l'armistice, ont déclaré qu'ils *voulaient* prendre la citadelle, si l'on ne capitule pas ; peut-être comptent-ils sur le manque d'obus, mais, outre les boulets, les boîtes à mitraille, grenades, etc., dont nous sommes encore bien pourvus, les remplaceront avantageusement en cas d'attaque, et l'on se tient partout sur ses gardes : les soldats du 1er bataillon du 16e de marche, entre autres, ont reçu l'ordre de coucher habillés pour être prêts, à la première alerte, plus promptement que d'habitude. En cas de capitulation, il paraît que les Prussiens auraient consenti à laisser sortir la garnison de la place avec les honneurs de la guerre.

On disait ce matin que les Prussiens n'ont pu tenir aux Perches, où ils étaient dans la boue jusqu'à la ceinture, sous le feu du Château, et qu'ils ont quitté ces forts pour simplement s'abriter derrière leurs retranchements pour l'installation de leurs batteries.

Le tir aujourd'hui a été très calme sur la ville, très vif sur les forts et les faubourgs ; à Bellevue, par exemple, le feu est tel que trois compagnies qui doivent demain matin relever celles qui s'y trouvent, auraient refusé de le faire.

Ce soir, on annonce que dans le Haut-Rhin (ou peut-être dans l'arrondissement de Belfort seulement), les députés nommés pour l'Assemblée du 12 sont : MM. Denfert, Grosjean, Keller, Gambetta et peut-être un ou deux autres. En raison des circonstances actuelles, M. Denfert ne quittera sans doute pas.

Vendredi, 10 Février 1871 (70e jour de bombardement, 100e du siège). — Au rapport du matin, il est donné communication de l'ordre suivant :

ORDRE

Officiers, sous-officiers, et soldats,

Un refus incroyable apporté à ma demande d'armistice par M. le Général de Treskow, Commandant en chef de l'armée assiégeante, et le désir hautement annoncé par ce général de s'emparer de la forteresse sans perdre de temps, doivent remplir nos cœurs d'indignation, et nous imposer plus que jamais l'impérieux devoir d'augmenter encore l'énergie de notre résistance pendant les quelques jours qui s'écouleront jusqu'à la conclusion de la paix.

Cette situation, sans précédent dans l'histoire, nous imposant à tous des efforts exceptionnels pour combattre victorieusement les attaques soit isolées, soit simultanées de l'ennemi, le Commandant supérieur s'engage à décorer immédiatement de la médaille militaire ou de la Légion d'honneur, sous réserve de la ratification du Gouvernement de la Défense Nationale, tous les militaires qui seront signalés comme s'étant particulièrement distingués dans la résistance opposée à ces attaques.

Belfort, le 9 Février 1871.

Le Colonel Commandant supérieur :
(Signé) DENFERT.

Le tir ennemi est resté cette nuit et ce matin le même qu'hier. On annonce que M. Grosjean est parti ce matin pour l'Assemblée de Bordeaux. Le conseil de défense s'est réuni et il a été décidé que l'on pouvait compter que d'ici quatre jours tout bombardement aurait cessé sur Belfort, en raison de la tournure des négociations qui, d'ici là, devront probablement être terminées, ou peu s'en faut.

On me communique la liste complète des députés du Haut-Rhin pour l'assemblée du 12 : 1. Gambetta, 2. Grosjean, 3. Tachard, 4. Titot, 5. Scheurer-Kestner, 6. Klippel, 7. Denfert, 8. Keller, 9. Koechlin-Schwartz et 10. Chauffour.

On donne ce soir quelques explications sur la déroute de Bourbaki : il était vainqueur depuis plusieurs jours, ainsi que nous l'avions appris, quand le général prussien le fit prévenir qu'il venait de conclure un armistice de 48 heures ; cet armistice allait expirer, quand Bourbaki s'aperçut qu'il avait donné dans un piège et que les Prussiens avaient profité de la suspension d'armes pour se retrancher et occuper des positions presque inexpugnables ; il en fut tellement bouleversé qu'il essaya de se brûler la cervelle et se blessa très grièvement, sans toutefois arriver à se tuer. Une partie de son armée doit, dit-on, avoir passé en Suisse, où elle fut désarmée.

Samedi, 11 Février 1871 (71e jour de bombardement, 101e du siège). — La nuit a été calme dans notre quartier. Je dis dans notre quartier, parce que les Prussiens tirant beaucoup sur les forts, les quartiers avoisinants s'en ressentent ; c'est ainsi que la maison des Sœurs, située au pied du Château, a reçu cette nuit, coup sur coup, trois bombes qui, traversant le grenier et les trois étages, sont venues éclater dans la cave non voûtée, voisine de la cave voûtée de la même maison, où les Sœurs s'étaient réfugiées depuis quelque temps.

M. Châtel n'est toujours pas revenu et l'on ne sait rien de nouveau du dehors ; les Prussiens se rapprochent du Château et du Fourneau ; d'un autre côté, il paraît que les Barres et Bellevue tirent beaucoup sur ceux qui occupent les forts des Perches et leurs alentours.

Ce soir tout est calme ; les Prussiens semblent décidément tirer à peu près exclusivement sur les forts, et non plus sur la ville, ce qui est effectivement la vraie manière de préparer un dernier effort, qui échouera, espérons-le bien.

Dimanche, 12 Février 1871 (72e jour de bombardement, 102e du siège). – Hier au soir, à 10 1/2 heures, on a entendu une vive canonnade : qu'était-ce ? Personne ne peut d'abord me le dire, finalement j'apprends qu'au Château, à la 2e enceinte, un fût de vin ou d'eau-de-vie a été percé par un projectile ennemi ; nos artilleurs aussitôt de s'empresser autour du blessé, munis de gamelles pour recueillir le précieux liquide, puis mis de bonne humeur par son absorption, ils décidèrent que toutes les pièces, canons, mortiers, obusiers seraient immédiatement chargées pour faire feu sur l'ennemi ; aussitôt dit, aussitôt fait, chaque pièce de l'enceinte envoie coup sur coup 8 ou 10 projectiles sur les Prussiens occupant les Perches, si bien que ceux-ci croient qu'on tente une attaque pour leur reprendre ces forts, et, en raison de la vivacité du feu, ne peuvent riposter. Puis tout rentra dans le calme, les Prussiens ayant perdu à cette aventure passablement de monde, tandis que personne n'a été blessé de notre côté.

La nuit, au moins pour la ville, se termine assez tranquillement. Aujourd'hui, un peu plus d'activité dans le tir sur la ville : on tire beaucoup sur le Château, paraît-il.

Un sergent de francs-tireurs, sorti de la place, a occasion de causer à des officiers ennemis, et apprend que l'armée assiégeante a l'ordre de tenter encore un assaut général, mais que les hommes s'y refusent, disant qu'ils ne veulent pas se battre, quand partout ailleurs on est dans l'inaction, et menacent de lever la crosse et de se rendre, si on les fait marcher à l'ennemi. Puissent ces heureuses dispositions être réelles et se maintenir, et les artilleurs suivre cet excellent exemple et nous laisser tranquilles !

C'est aujourd'hui que s'ouvre l'Assemblée qui doit décider de notre sort : on attend avec anxiété les nouvelles de Bordeaux.

Lundi, 13 Février 1871 (73e jour de bombardement, 103e du siège). — La nuit a commencé comme d'habitude ; le tir ennemi semblait cependant un peu plus vif. A 1 heure du matin, nous sommes réveillés par l'explosion d'une bombe sur une maison voisine ; aussitôt après nous entendons crier : « Au feu », et nous nous demandons si c'est dans cette maison ou peut-être dans la nôtre qu'un incendie s'est déclaré, lorsque l'on répète : « Au feu chez les Sœurs », en accompagnant ces cris de coups de sifflet, signal de ralliement des pompiers et guetteurs. Peu après quelqu'un vient demander, sans plus de détails, tous nos infirmiers à l'Hôtel de ville ; je m'empresse de les y envoyer, en demandant avec anxiété ce qui peut motiver cet appel ; quelques instants après, l'un d'eux revient disant que toute la maison des Sœurs est en feu, que l'on craint que l'incendie n'envahisse tout le quartier, contenant l'arsenal, la mairie, etc., et que, en prévision de cet événement, les infirmiers doivent rester à l'Ambulance de l'Hôtel de ville pour en transporter, si besoin en est, les malades à notre Ambulance. Un peu avant 4 heures, nos infirmiers rentrent enfin, annonçant que le feu est sinon maîtrisé, du moins circonscrit. En somme la maison d'école des Sœurs avaient été seule détruite par l'incendie, malgré quelques bombes et obus envoyés par l'ennemi pour l'activer.

Les bombes venant tomber dans ce quartier, ainsi que dans la direction de la place, de l'Hôtel du Tonneau d'or, du manège, partant des Perches et de Pérouse, sont, pour la plupart, destinées au Château, par-dessus lequel elles passent souvent. D'un autre côté, celles qui vont, en passant par-dessus la ville, éclater du côté de l'Espérance et de la porte de Brisach, sont lancées par la batterie placée près de la gare. Dans les deux directions le tir est peu plongeant, à cause de la distance, tandis que les bombes envoyées du Château sur les Perches partent presque verticalement, en raison du peu de distance.

Le tir aujourd'hui est plutôt un peu plus vif qu'hier.

On dit que les Prussiens, dans le cas où Belfort ne pourrait être pris, seraient obligés de renoncer à s'annexer le Haut-Rhin : si cela pouvait être vrai !

A 8 $1/2$ heures, M. Aug. Juster vient nous annoncer qu'il y a un armistice conclu sur dépêche reçue du gouvernement : nos forts venaient en conséquence de recevoir l'ordre de ne plus tirer ; je reçois quelques détails du maire à cet égard, puis, un peu plus tard, je reçois communication de la dépêche suivante, affichée le soir tard à la Sous-Préfecture :

M. le Colonel Commandant supérieur vient de recevoir communication de la dépêche suivante :

Bourogne, de Versailles, 11 heures du matin.

Au Général de Treskow, commandant des troupes devant Belfort.

Le Gouvernement français me transmet pour le commandant de Belfort le télégramme suivant, que je vous prie de communiquer par parlementaire :

« Le Commandant de Belfort est autorisé, vu les circonstances, à consentir à la reddition de la place. La garnison sortira avec les honneurs de la guerre et emportera les archives de la place. Elle ralliera le poste français le plus voisin. »

Pour le Ministre des Affaires étrangères :
(Signé) ERNEST PICARD.   (Signé) BISMARCK.

Pour Copie Conforme :
Le Colonel Commandant supérieur de la Place de Belfort :
(Signé) DENFERT.

Une suspension d'armes provisoire a été immédiatement stipulée. Un officier d'état-major vient d'être envoyé à Bâle, pour obtenir la confirmation directe de cette dépêche par le Gouvernement français.

Pour le Préfet du Haut-Rhin et par délégation :
(Signé) LÉON STEHELIN.

Le public n'avait généralement pas attendu ces détails : dès les premières nouvelles de cet armistice, vers 8 heures, tout le monde sortait des caves, et s'aventurait d'abord autour de la porte, puis circulait dans les rues, où les femmes surtout montraient une gaîté folle et riaient aux éclats, tandis que des groupes de gamins chantaient la *Marseillaise*, ou autres chants plus ou moins patriotiques, en parcourant les rues : quelques-uns circulaient ainsi encore à 1 ou 2 heures du matin. Pendant ce temps certains ménages, plus pressés que les autres de changer d'air, emportaient de la cave leurs lits pour coucher dans les chambres encore habitables des maisons.

Dès 6 heures, le tir des Prussiens avait cessé, tandis que le nôtre continuait, le parlementaire porteur de ces nouvelles n'étant pas encore venu. Peu avant, un autre parlementaire était venu annoncer de la part du général de Treskow, que tant et tant de mortiers étaient braqués tout autour de la place et que, si elle ne se rendait pas immédiatement, elle allait être mise à feu et à sang ; le Colonel Denfert répondait qu'il laisserait plutôt mettre la ville en cendres que de la rendre sans ordre du Gouvernement.

A 10 heures, trois bataillons devaient faire une attaque sur Bavilliers-Essert, pour empêcher les Prussiens d'en faire une des Perches sur le Château. (Entre les Perches et Danjoutin, il y avait 80 pièces de gros calibre, 40 gros mortiers et 60 pièces françaises qui, dès le lendemain matin et en trois jours, devaient envoyer chacune 300 projectiles, soit 5,400 en tout ; feu à outrance qui devait rapidement mettre l'incendie à tous les coins de la ville).

Mardi, 14 Février 1871. La ville présente dès le matin une agitation extraordinaire, tant parmi la population civile, que parmi la garnison ; les uns vont voir leurs amis, les autres sortent leurs meubles de leurs caves, un très grand nombre parcourt la ville pour se rendre compte de l'étendue des dégâts, beaucoup cherchent à terre des débris intéressants des projectiles ennemis. Pendant ce temps, on dit que la garnison doit sortir dans les 48 heures, pour aller soit à Besançon, soit à Vesoul, soit à Montbéliard, quoique l'on ne sache pas exactement si ces places sont ou non occupées : beaucoup de militaires font leurs préparatifs pour ce départ. Petit à petit, les promenades s'étendent hors ville, et nos mobiles finissent par fraterniser avec les Prussiens, sur les points où les deux parties belligérantes sont rapprochées, aux Perches, à la gare, à Bellevue, à l'Arsot, par exemple.

En attendant, on n'a pas de nouveaux détails, et M. Châtel ne revient toujours pas. On dit même que s'il n'est pas de retour d'ici à demain matin, le Commandant supérieur ferait recommencer le feu sur l'ennemi, à cause du manque de confirmation des nouvelles données par les Prussiens.

On devait donner au rapport de ce soir les instructions pour le départ de la garnison, mais cela n'a pas été fait.

Mercredi, 15 Février 1871. — Le bruit court que les pays neutres, l'Angleterre et la Russie, par exemple, s'opposent aux propositions exagérées de la Prusse.

Vers midi, M. Châtel et M. Krafft reviennent, et, dans l'après-midi, on apprend qu'ils ont apporté de Bâle la confirmation des nouvelles données par les Prussiens. M. Châtel nous apprend de plus que toute la France est dans un désarroi terrible : sur environ 750 députés qui devaient être à Bordeaux le 12, il n'y en avait à cette date que 250 ; à Paris, la liste la plus rouge a passé, c'est-à-dire Rochefort, Louis Blanc, Delescluse et autres ; le général Le Flô serait actuellement ministre de la Guerre, Emile Arago ministre de l'Intérieur ; M. Valentin, ex-préfet de Strasbourg, remplace M. Challemel-Lacour à la préfecture de Lyon ; la plupart des corps de troupes disponibles sont envoyés sur Lyon, et de là sur Grenoble, où il se forme un corps d'armée pour le cas, peu probable, où la lutte devrait continuer.

Quelques personnes disent que tandis que nos troupes évacueraient Belfort, les troupes prussiennes évacueraient par compensation Besançon, Dijon, Langres ou quelque autre place occupée ou investie.

Jeudi, 16 Février 1871. — On annonce aujourd'hui que tous les corps de la garnison doivent partir en deux colonnes le 17 et le 18, avec armes, bagages et archives; aussitôt après, Belfort sera occupé par les Prussiens.

Voilà donc le sort réservé à la garnison et à la population, après avoir vaillamment supporté les rigueurs d'un siège de 103 jours et d'un bombardement sans relâche de 73 jours et 72 nuits! Si, au moins, cette résistance énergique pouvait avoir quelque influence sur le sort de l'Alsace et de la France! Et pourtant quelques personnes accueillent le bruit que les hostilités vont recommencer!

On annonce que la Russie s'oppose énergiquement aux prétentions exagérées de la Prusse et qu'il pourrait bien se faire que, grâce à cet incident, la Lorraine et l'Alsace, ou au moins partie de cette dernière, fût conservée à la France.

Ce soir, on affiche la proclamation suivante :

PROCLAMATION

Citoyens et soldats,

Le gouvernement de la Défense nationale m'a donné, en vue des circonstances, l'ordre de rendre la place de Belfort. J'ai dû en conséquence traiter de cette reddition avec M. le Général de Treskow, Commandant en chef de l'armée assiégeante.

Si les malheurs du pays n'ont pas permis que la résistance vigoureuse offerte par la garnison, la garde nationale et la généralité de la population reçût la récompense qu'elle méritait, nous avons pu, du moins, avoir la satisfaction de conserver à la France notre garnison, qui va rallier, avec armes et bagages et libre de tout engagement, le poste français le plus voisin.

Connaissant l'esprit qui anime les habitants de la ville au milieu desquels je demeure depuis plusieurs années, je comprends mieux que personne l'amertume de la situation qui leur est faite. Cette situation est d'autant plus pénible qu'on prétend nous faire craindre qu'au mépris des principes et des idées modernes, le traité de paix que nous allons subir ne consacre une fois de plus le droit de la force et n'impose à l'Alsace tout entière la domination étrangère.

Mais je reste convaincu que la population de Belfort conservera toujours les sentiments français et républicains qu'elle vient de manifester avec tant d'énergie. En consultant du reste l'histoire même du siècle présent, elle y puisera la légitime confiance que la force ne saurait prévaloir contre le droit.

Vive la France! Vive la République!

Belfort, le 16 Février 1871.

Le Colonel Commandant :
(Signé) Denfert-Rochereau.

Vendredi, 17 Février 1871.

On disait que la Poste devait rétablir son service aujourd'hui : c'était inexact.

Divers corps de la garnison partent aujourd'hui, et chaque fort est remis, soit aujourd'hui, soit demain, aux Prussiens par détachement du Génie.

Voici les ordres du jour du Colonel Denfert communiqués aux différentes troupes de la garnison de Belfort : [1])

ORDRE

Aux gardes nationaux mobilisés du Haut-Rhin.

9 mars 1871.

Vous allez rentrer dans vos foyers après avoir eu l'honneur de concourir à la défense de Belfort.

M. le Ministre de la Guerre me charge de vous remercier de votre belle conduite pendant le siège. Votre concours et celui de la garde nationale sédentaire ont aidé à la garnison à obtenir la conservation de la place à la France. Seuls en Alsace, vous avez le privilège de ne pas subir la domination étrangère et vous vivrez désormais libres sous les lois de la République, alors que vos frères, après avoir subi pendant vingt ans le despotisme de l'empire, restent condamnés à subir le joug d'un empire étranger. Que cette pensée soit toujours présente à vos esprits jusqu'au jour où vous serez appelés à revendiquer avec eux et avec toute la France l'intégrité de notre patrie.

Vive la France! Vive la République!

ORDRE

Aux mineurs et artilleurs de la ligne.

Avant de quitter la compagnie des mineurs du 2ᵉ régiment du génie et les cinq demi-batteries d'artillerie de l'armée régulière qui ont pris part à la défense de Belfort, le Comman-

---

[1] C'est à Grenoble que le corps d'armée sorti de Belfort fut dissous. L'opération dura du 9 au 24 mars. Le 3ᵉ ordre du jour est daté de Grenoble.

dant supérieur qui a dirigé cette défense tient à leur exprimer sa reconnaissance pour la manière dont elles ont satisfait à la rude tâche qui leur était assignée. C'est surtout à la fermeté dont ont fait preuve les artilleurs sous le feu de l'ennemi, à la vigueur avec laquelle ils ont répondu à ce feu, au talent déployé par les officiers d'artillerie pour couvrir ou masquer leurs pièces, qu'a été due la lenteur des progrès des attaques ennemies.

C'est à l'énergie des sapeurs du 2e régiment, à l'exemple qu'ils ont donné au reste de la garnison, à la vigoureuse impulsion de leurs officiers, que nous avons dû la construction relativement rapide des nombreux abris créés sur tous les points de la place, et qui, en réduisant nos pertes, ont permis, malgré la violence du bombardement, d'offrir une résistance que l'ennemi n'était pas encore en mesure de briser au moment de la reddition de la place, au bout de cent trois jours de siège.

Malgré tous vos efforts, les malheurs de la patrie ont obligé la place de Belfort à subir la souillure de l'étranger; mais du moins elle nous est conservée, et elle pourra dans l'avenir nous servir de boulevard contre de nouvelles attaques et nous aider à préparer la revendication de l'intégrité de notre territoire.

En attendant ce moment, que votre cri de ralliement soit : *Vive la France !* et *Vive la République !*

ORDRE

Au reste de la Garnison.

« Avant de se séparer des officiers et des troupes de la garnison de Belfort qui se trouvent encore réunis à Grenoble et aux environs (état-major des places, de l'artillerie et du génie, gendarmerie, infanterie de ligne, artillerie, génie, infanterie de la garde mobile, etc.), le Commandant supérieur tient à les remercier du concours qu'ils lui ont donné pendant la durée du siège de Belfort. Tous ont été appelés, à tour de rôle, à faire preuve de dévouement au pays.

« C'est grâce à l'énergie déployée par les commandants des forts, par les troupes sous leurs ordres, que l'ennemi a dû renoncer en Décembre à son attaque sur Bellevue et a été repoussé une première fois le 26 janvier aux Hautes- et Basses-Perches.

« Les mobiles se sont trouvés pour la première fois engagés avec l'ennemi le 2 Novembre, et par la fermeté qu'ils ont montrée dans la défense du village de Roppe, ils ont assuré la rentrée dans la place du détachement de Dannemarie et la destruction du viaduc du chemin de fer que l'ennemi n'a pu rétablir pendant le cours du siège.

« D'autres mobiles ont pris part aux attaques du 13 et 15 Décembre contre le bois de Bavilliers, du 20 Décembre contre les batteries d'Essert, et ont repoussé dans le courant de Décembre plusieurs attaques contre les villages d'Andelnans, de Danjoutin et la ferme de Froideval.

« L'infanterie de l'armée régulière a pris une part glorieuse à l'attaque du bois de Bavilliers et à la défense des Hautes- et Basses-Perches. Appuyée par des bataillons de mobiles, elle a vaillamment soutenu l'attaque dirigée contre Pérouse le 21 Janvier, et infligé à l'ennemi des pertes considérables.

« Les batteries d'artillerie mobile ont combattu l'ennemi avec succès, soit dans les forts extérieurs, et rivalisé, en plusieurs circonstances, avec les batteries de l'armée régulière.

« Les troupes ont également, à plusieurs reprises, aidé les pompiers de la ville à éteindre les incendies sous le feu violent de l'ennemi.

« Tous ces faits attestent l'énergie apportée par les diverses troupes de la garnison à la défense de Belfort, et ont contribué pour leur part à la longue résistance de la place, que cent trois jours de siège n'ont pu réduire et qui n'a été rendue à l'ennemi que sur l'ordre du gouvernement français.

« Vous allez déposer les armes et rentrer dans vos foyers. Ne perdez pas de vue les malheurs du pays, songez aux efforts que nous avons tous à faire pour sortir de la situation difficile où nous nous trouvons, et pour pouvoir revendiquer un jour avec succès l'intégrité de notre territoire.

« Que notre cri de ralliement soit toujours celui qui a présidé à notre défense :

« *Vive la France !* et *Vive la République !* »

On rencontre en ville toutes ses connaissances se hâtant de terminer quelques emplettes de départ. Après une distribution assez libérale des effets qui restent au magasin de campement, cela devient un véritable pillage d'abord pour les militaires, puis pour les civils des plus basses catégories, de tout ce qui, dans la maison, n'est pas sous une surveillance active : c'est ainsi que, tandis que par suite de l'enlèvement de nombreux sacs d'avoine, qui nous servaient de blindage, il restait une entrée libre derrière notre grand blindage de l'Ambulance, des femmes vinrent en grand nombre mettre au pillage nos provisions de literie et d'objets de tout genre ; nous eûmes toutes les peines possibles à leur faire abandonner leur proie : quelques sentinelles tempérèrent un peu l'ardeur de cette population rapace, mais dans la soirée, après leur départ, l'assaut recommença de plus belle et nous dûmes intervenir et barricader la porte de la maison pour empêcher d'enlever des étages supérieurs des commodes, toiles de tentes d'officiers, etc., etc. Pendant la journée, les Prussiens commencent à arriver : ce sont des soldats du Génie à cheval et quelques uhlans ; il vient aussi de nombreuses voitures allemandes de réquisition : il paraît que plus de 200 de ces voitures ont été mises à la disposition de la Place pour transporter les bagages hors de la place, les voitures étant fort rares à Belfort.

Samedi, 18 Février 1871. — Dans la matinée, nos officiers du Génie rendent nos forts aux Prussiens, et après midi se fait le défilé des Prussiens (10,000 hommes) devant leur nombreux état-major, triste défilé pour nous, mais, disons-le franchement, mieux exécuté que tous ceux que nous avons vus jusqu'ici.

Voilà donc Belfort occupé par les Prussiens : la Place s'est-elle rendue ? Non, elle a reçu l'ordre du Gouvernement français de céder la Place aux Prussiens. Mais aurait-elle pu tenir longtemps encore ? Non, les projectiles manquaient, plus d'un tiers de la garnison était hors de combat, et encore actuellement, malgré le départ de tous ceux qui pouvaient supporter le voyage, il reste plus de 1200 blessés ou malades, moitié blessés, moitié malades.

En somme, les Prussiens entrent en vainqueurs, avec leur arrogance habituelle, mais c'est par suite des dispositions intervenues entre les deux gouvernements ; la garnison de Belfort s'est plus distinguée par sa résistance que l'armée assiégeante par son attaque, puisqu'après 103 jours de siège, dont 73 de bombardement, elle n'a réussi à nous enlever que deux villages protégés par des retranchements : Danjoutin et Pérouse, et deux forts *improvisés :* les Hautes-Perches et les Basses-Perches, les positions peu soutenables de Bellevue (redoute improvisée) et des Barres (fort nouveau et incomplet) n'ayant même pas pu être pris. La place, malgré le manque de projectiles, aurait encore pu résister, si le Colonel Denfert, n'avait pas reçu ordre de la livrer, à la condition de laisser brûler la ville, ce qui eût été bientôt fait, si le bombardement à outrance promis avait dû se réaliser ; les Prussiens, paraît-il, avaient ordre, si ce bombardement ne les rendait pas maîtres de la place, de rester tranquilles après les trois jours qu'il devait durer et d'attendre, en maintenant l'investissement. On sait que nous aurions eu encore pour quelques mois de vivres.

Les pertes des Prussiens sont très diversement évaluées ; d'après certaines personnes, qui exagèrent probablement, elles seraient de 60 ou même 70,000 hommes ; d'autres au contraire ne les estiment qu'à 22,000 hommes : ce chiffre, le plus bas qui ait été cité, est sans doute peu au-dessous de la réalité ; c'est, je crois, le chiffre officiellement indiqué en Allemagne.

De notre côté, 1100 décès ont été enregistrés à la mairie pendant tout le siège ; en y ajoutant un nombre certainement restreint de militaires disparus, dans les combats par exemple, on peut dire que, pendant tout le siège, il n'est pas mort à Belfort, soit par blessures, soit par maladies plus de 1200 militaires, et, quant aux civils, leur chiffre est sensiblement au-dessous de 200.

Le 25, je pars pour Mulhouse, où je passe le 26 et le 27, et d'où je reviens le 28. Le 11 mars, samedi, je quitte définitivement Belfort, après avoir évacué le 9 les derniers blessés de notre Ambulance.

J'étais à Belfort depuis le 21 août 1870.

TROISIÈME PARTIE

CONTROLES

DE LA 8ᵉ COMPAGNIE ET DES TÉLÉGRAPHISTES DU 4ᵉ BATAILLON

DE LA COMPAGNIE DU GÉNIE

AINSI QUE DES

OFFICIERS DES COMPAGNIES DE DÉPOT DES AUTRES BATAILLONS

ET DES 3 BATTERIES D'ARTILLERIE MOBILES DU HAUT-RHIN

COMPAGNIE DU GÉNIE

de la

Garde Nationale Mobile du Haut-Rhin [1]

EFFECTIF DES PRÉSENTS AU 18 DÉCEMBRE 1870

Capitaines

En premier : *BORNÈQUE Eugène, de Bellefontaine, du 19 août 1870, auparavant sous-lieutenant au 5e bataillon des mobiles du Haut-Rhin,

En second : *KOECHLIN Rodolphe, de Mulhouse, du 19 août 1870, auparavant lieutenant au 4e bataillon des mobiles du Haut-Rhin.

Lieutenants

En premier : PAGNARD Joseph, du 19 août 1870, auparavant lieutenant au 4e bataillon des mobiles du Haut-Rhin,

En second : BELIN Auguste, du 19 août 1870.

Sergent-major

GEOFFROY Félix

Sergent-fourrier

*HAENSLER Auguste

---

[1] Les noms précédés d'un astérisque (*) sont ceux dont les portraits figurent dans ce volume.

Sergents

*Burgert Jules
Geoffroy A.
Laurent
Linder
*Merklen Gustave
Monnin
Plain Abel
*Weiss Emile

Caporaux

Hach Charles
*Koechlin Oscar, mort à la suite de blessures, le 17 décembre 1870
Merger
Schlick
Sieben Robert
Sonderegger
*Steinbach Charles

Sapeurs

Baduel Hippolyte
Bannwarth Antoine
Baumann Em.
Bègue Charles
Beltzung Joseph
Bernard Georges
Birlinger Jean
Bissel Augustin
Bitsch Emile
Blind Joseph
Bonâme Paul
Brumgard François
Chevillot Joseph
Colombé François
Demark Sébastien
Diebold Jean
Dingler Auguste
Dittmann Auguste
Dupont Hippolyte
Farine Henri
Fischer Joseph
Freudenreich Louis
Frey Georges, tué aux Perches
Fritsch Joseph
Fuchs André
Fuchs Joseph
Godenkieny Charles

Compagnie du génie de la Mobile du Haut-Rhin — Siège de Belfort

EUG. BORNÈQUE, capitaine en 1er.

ROD. KOECHLIN, capitaine en second.

JULES BURGERT, sergent.

OSCAR KOECHLIN, caporal,
† à Belfort.

Gredel César, mort des suites de blessures reçues aux Perches
Greder Célestin
Gruther Joseph
Haas François
Hartmann Emile
Hasquenophe Ferdinand
Hiller Simon
Hoffmann Henri
Hoffmann Jean
Hoffmann Jean-Baptiste
Horny Charles
Jobin Emile
Jud Pierre
Keller Joseph
Krenger Louis-Adolphe
Larcat François
Larcat Pierre
Lieby François
Marquet Jean-Bap^{te}-Georges
Marthe Henri
Masson Léger
Moeglin Séraphin
Meyer Louis
Misslin Albert

Motsch Jean
Mouilleseaux Alphonse
Muller Jean
Muller Morand
Naas Jules
Peugeot Louis
Richard Léonard
Rigoulot
Sarieux Edouard
Schmitt Joseph
Schuffenecker Appolinaire
Schweitzer Joseph
Sitter Sébastien
Soenzer Michel
Stampfler Xavier
Stirmlinger François
Thomann Georges
Tschupp Michel
Unger Joseph
Vermelin Louis
Vernier Albert
Weber Jean-Baptiste
Witty Louis
Wunderly Louis
Wurtzel Thiébaut

GARDE NATIONALE MOBILE DU HAUT-RHIN

4e Bataillon

8e COMPAGNIE (Dépôt resté à Belfort)

Capitaines

SANDHERR Henri, nomination du 24 avril 1869, passe pour son grade à la 5e compagnie, le 1er octobre 1870,
remplacé par le capitaine
OTTMANN François-Joseph-Louis, venant de ladite 5e compagnie.

Lieutenant

Baron JACQUINOT Charles-Maximilien-Auguste, nomination du 22 juillet 1870, détaché à l'état-major vers le 1er octobre 1870 et promu capitaine adjudant-major le 4 décembre 1870.

Sous-lieutenant

SERRÈS Ernest-Alfred-Jean, nomination du 19 juillet 1870, passe pour son grade à la 6e compagnie,
remplacé, le 1er octobre 1870, par
VAURS, auparavant sous-lieutenant à la 5e compagnie, nomination du 21 août 1870.

Sergents-majors

WEISS Charles, passe pour son grade à la 5e compagnie, le 1er octobre 1870,
remplacé par
PETIT, à la même date.

Sergent-fourrier

KARM Jacques.

Mobiles du Haut-Rhin　　　　　　　　Siège de Belfort

FRANÇOIS-JOSEPH-LOUIS OTTMANN
capitaine à la 8e compagnie (dépôt)
du 4e bataillon

Sergents

Kuentz
<small>sergent-instructeur</small>
Sellet Jean
Lengfelder Philippe
Dreyfus-Lantz Jules
Dreyfus-Lantz Jean-Lucien

Caporaux

Eckert Jean-Albert
Hirlé Jacques-Edouard
Schmidt
Sellet Edouard
Tischmacher Jean-Baptiste
Ulm Jean
Werner
Zimmermann Raymond
Zuber Edouard

Soldats

Albisser Landolin
Asfeld
Baumann Auguste
Bender Albert
Berg François-Alphonse
Berthold Joseph
Bloch Mathieu
Blum Simon
Bonhomme
Boog
Burner
Clément de Grandprey Léon
Daniel Gaspard
Dietrich Auguste
Fischer Joseph
Frey Léger
Fuchs Aloïse
Furling
Gaulin
Goldschmidt Salomon
Hiffer
Iret
Klein Théodore
Knopf Auguste-Antoine, *armurier*
<small>blessé le 21 janvier 1871 à l'explosion d'une poudrière du Château.</small>
Kreber Charles
Krenger Louis-Adolphe
Kuhner Gustave-Adolphe
Mercier Louis-Joseph
Nicot Raoul
<small>tué à l'explosion de la poudrière du Château, le 21 janvier 1871.</small>
Rey Charles
Ribstein François-Antoine
Rippas Jean-Jacques
Rueff
Schenck Edouard

Scherrer
Schmitz Georges
Schœninger Henri
Schumacher Charles-Alfred

Schweitzer Guillaume
Studer Ferdinand
Unterwald

Hommes affectés à cette compagnie sur le Contrôle du recrutement

mais versés sans doute dans d'autres unités au cours de la campagne

Adam Joseph
Auer Joseph-Charles
Baer Théodore
Baldensperger Philippe-
   Auguste
Beuret Jacques
Beyer Georges
Bonnerate Lucien-Pierre
Denninger Antoine d'Antoine
Desch Joseph
Diehl Jacques

Diehr Chrétien-Frédéric
Dissel Jules
Dittli Joseph
Dreyfus Mathieu
Dungler Auguste
Duvertier Eugène
Fleig Emile-Désiré
Fournier Michel
Friess Edouard
Gerhardstein Michel
Girardot Alfred-Nicolas

4ᵉ Bataillon de Mobiles du Haut-Rhin — Siège de Belfort

ED. DOLLFUS-FLACH, télégraphiste.

THEOD. DREYSPRING, télégraphiste.

JULES ZIEGLER, télégraphiste.

JULES SCHWARTZ, garde mobile (détaché à la place)

Groené François-Joseph
Grumbach Mathias
Grumler Benjamin
Guwillier Philibert
Gysperger Emile
Haiber Jean
Hartmann André
Haudenschild Henry
Heckmann Emile
Heintz Adam
Heintz Jean
Heitzmann Martin-Joseph
Hoegly Joseph
Homeyer Guillaume-Emile
Issenbarth Adam
Jobard Georges-François
Kaas Joseph
Kaltenbach Jules
Katz Emile
Keller Martin
Kerlé Charles
Klein Laurent
Koenell Jacques (de)
Konrad Pierre
Kapp Joseph
Krafft Joseph
Kreber Gabriel
Lambelin Jacques-Alexis-Emile
Lamy Charles

Lavergne Antoine
Letrey Ernest
Lévy Jacques
Lischy Jean-Georges
Maendler Joseph
Maps Frédéric
Marckert Auguste-Jacques
Marsal André
Mayer Emile
Mendlin Basile
Mercklé Jean-Baptiste
Mesmer Georges
Meyer Charles-Joseph
Meyer Jacques
Meyer Jules
Mitschdoerffer Emile
Moser Jules
Muller Jacques
Netter Moïse
   tué le 21 janv. 1871 à l'explosion
   de la poudrière du Château.
Neyer Jean
Oeuvrard Auguste
Périchon Louis-Joseph-Eugène
Pfitzinger Charles-Ernest
Pfleger Philippe
Racine Eugène
Rauch Joseph
Reeber Isidore
Ricard François

Rimelin François-Joseph
Rinck Auguste
Roch Jean
Roost Eugène
Rost Jean
Schaeffer François-Xavier
Schaentzler Jean-Jacques
Scheuermann Joseph
Schlotterbeck Guillaume-
   Frédéric
Schlumberger Eugène
Schmaltz Chrétien
Schmaltz Emile
Schmaltz Jacques
Schmaltz Joseph
Schmidlin Emile
Schnebelé Charles
Schrameck Léon
Schwartz Jules
Seel Jacques-Frédéric
Seiler Jacques
Senglé Jean
Senglé Martin
Spitz Emile
Steffan Antoine
Steinbach Emile
Steinbach Frédéric-Jules
Stephani Jean
Stoss Jean

Toussaint Jean-Joseph
Traencklin Joseph-Alphonse
Venuleth Georges
Wagner Charles
Wagner Joseph
Wahl Georges
Walter Alphonse
Walter Emile-Louis
Waltz Marie-Charles-Louis
Wasner Jules
Weber Alphonse
Wechinger Emile-Joseph
Weibler Emile
Weill Louis
Wendling Antoine
Werber Ott-Pierre
Wernher Frédéric
Wetter Louis
Wild Jean
Witz Henri
Wohlschlegel Charles
Wolff Sylvain
Zoepfel Charles
Ziegler Auguste
Zisler Jean-Baptiste
Zobenbühler Charles-
   Frédéric
Zwinger Gustave-Adolphe

4e Bataillon de Mobiles du Haut-Rhin — Groupe de télégraphistes, à Belfort

GUST. BOERINGER   CHARLES ZURCHER   EMILE SCHLUMBERGER
ED. DOLLFUS-FLACH   EUG. AUDRAN   OSCAR SCHWARTZ   JULES ZIEGLER

GARDES MOBILES DU 4ᵉ BATAILLON DU HAUT-RHIN

employés comme

Télégraphistes et dans divers autres bureaux

placés en subsistance

dans la compagnie du génie, pendant le siège de Belfort [1]

*Audran
*Boeringer Gustave
Clément de Grandprey Constant
*Doll Edouard
*Dollfus-Flach Edouard
*Dreyspring Théodore
Ellès Paul
Eschbacher Paul-Auguste
Gerig
Helm Jules
Lang
Merklen Charles
Mieg Mathieu

Mourier Henri
Salomon
*Schlumberger Emile
Schmoll
*Schwartz Oscar
Spiegel
Vuilleumier Lucien-Louis
Wallach Henri
*Wehekind Edouard, sergent-greffier au Conseil de guerre
Zetter Alphonse
*Ziegler Jules
*Zurcher Charles

---

[1] Les noms précédés d'un astérisque (*) sont ceux dont les portraits figurent dans ce volume.

BATAILLONS DE LA MOBILE DU HAUT-RHIN

Contrôle des officiers des compagnies de dépôt restées à Belfort

1ᵉʳ Bataillon

8ᵉ COMPAGNIE

Capitaine : KOECHLIN Isaac, de Willer, du 24 avril 1869.
Lieutenant : RASCHIG Gustave, de Thann, du 19 juillet 1870,
Sous-lieutenant : WEINBRENNER Louis, de Thann, du 19 juillet 1870.

4ᵉ Bataillon

8ᵉ COMPAGNIE

Voir page 188, la liste complète de cette compagnie.

5ᵉ Bataillon

8ᵉ COMPAGNIE

Capitaine : MAYER, du 24 avril 1869. Fut décoré pour sa belle conduite pendant le siège.
Lieutenant : MARTIN Henri-Emmanuel, du 19 juillet 1870, auparavant lieutenant à la 7ᵉ compagnie.
Sous-lieutenant : HAFFNER, de Colmar, du 25 août 1870.

ARTILLERIE DE LA MOBILE DU HAUT-RHIN

Contrôle des officiers par batteries

Commandant

Rohr Jean-Daniel-Adolphe, de Colmar, ancien chef d'escadron d'artillerie, nomination du 25 août 1868.

3e **BATTERIE** (à Belfort)

Capitaine : Palangié Jean-Antoine-Adolphe, du 24 avril 1869.
Lieutenant en 1er : Rohr Albert-Adolphe, de Colmar, du 28 juillet 1870.
Lieutenant en 2d : Jeannerot Hector-Achille, de Belfort, du 19 juillet 1870.

4e **BATTERIE** (à Belfort)

Capitaine : Vallet François-Joseph, de Belfort, ancien maréchal-des-logis du 9e d'artillerie, du 24 avril 1869.
Lieutenant en 1er : Japy Charles-Henri-Octave, de Beaucourt, du 28 juillet 1870.
Lieutenants en 2d : Gérard Alphonse-Marie, de Belfort, du 28 juillet 1870, démissionnaire le 30 décembre 1870, pour entrer, le lendemain, comme engagé volontaire au 7e régiment d'artillerie, remplacé par
   Simottel Antoine-Xavier-François-René, de Colmar, du 5 janvier 1871, tué le 21 janvier 1871 (explosion de la poudrière du Château) et remplacé par
   Wicker Morand-Joseph, de Mulhouse.

5e **BATTERIE** (à Belfort)

Capitaine : DEFFAYET Victor-Joseph, de Belfort, ancien maréchal-des-logis au 4e régiment de chasseurs d'Afrique, du 14 août 1869.

Lieutenant en 1er : TRIPONÉ Emile, de Montbéliard, du 28 juillet 1870.

Lieutenant en 2d : EHRHARD François-Joseph, d'Oberhergheim, du 19 juillet 1870.

Les Allemands quittant Belfort par la porte de Brisach, le 2 août 1873

TABLE DES MATIÈRES

	Pages
Notice biographique	5
Première partie : Ordres divers, avant l'investissement de Belfort	7
Deuxième partie : Journal de M. Edouard Doll, du 2 novembre 1870 au 18 février 1870	15
Troisième partie : Contrôles de la 8e compagnie et des télégraphistes du 4e bataillon, de la compagnie du génie, ainsi que des officiers des compagnies de dépôt des autres bataillons et des 3 batteries d'artillerie de mobiles du Haut-Rhin	183

ILLUSTRATIONS

Portraits :

Bornèque Eugène, capitaine du génie.
Burgert Jules, sergent du génie.
Denfert-Rochereau, lieutenant-colonel.
Doll Edouard, auteur du livre.
Dollfus-Flach Ed., télégraphiste.
Dreyspring Th., télégraphiste.
Koechlin Oscar, caporal du génie.

Koechlin Rodolphe, capitaine du génie.
Ottmann Fr.-Jos.-Louis, capitaine de mobiles.
Schwartz Jules, garde mobile.
Wehekind Edouard, sergent-greffier au Conseil de guerre à Belfort.
Vogt Joseph, sergent de mobiles.
Ziegler Jules, télégraphiste.
Groupe de sous-officiers du génie.
Groupe de télégraphistes.

Vues :

Hôtel de ville et Château de Belfort.
Porte du Château.
Cour intérieure du Château.
Fort de la Miotte et vue de l'étang des Forges.
Porte du Château et le Fort des Hautes-Perches à l'horizon.
Fort de la Justice.
Fort de la Miotte.
Fonderie d'obus installée pendant le siège.
Ambulance du campement installée dans la maison Grosborne.
Porte de France.

Les Allemands quittant Belfort par la porte de Brisach, le 2 août 1873.
Fac-similé de la lettre écrite par le colonel Denfert au général de Treskow.
Plan de Belfort en 1870-1871.

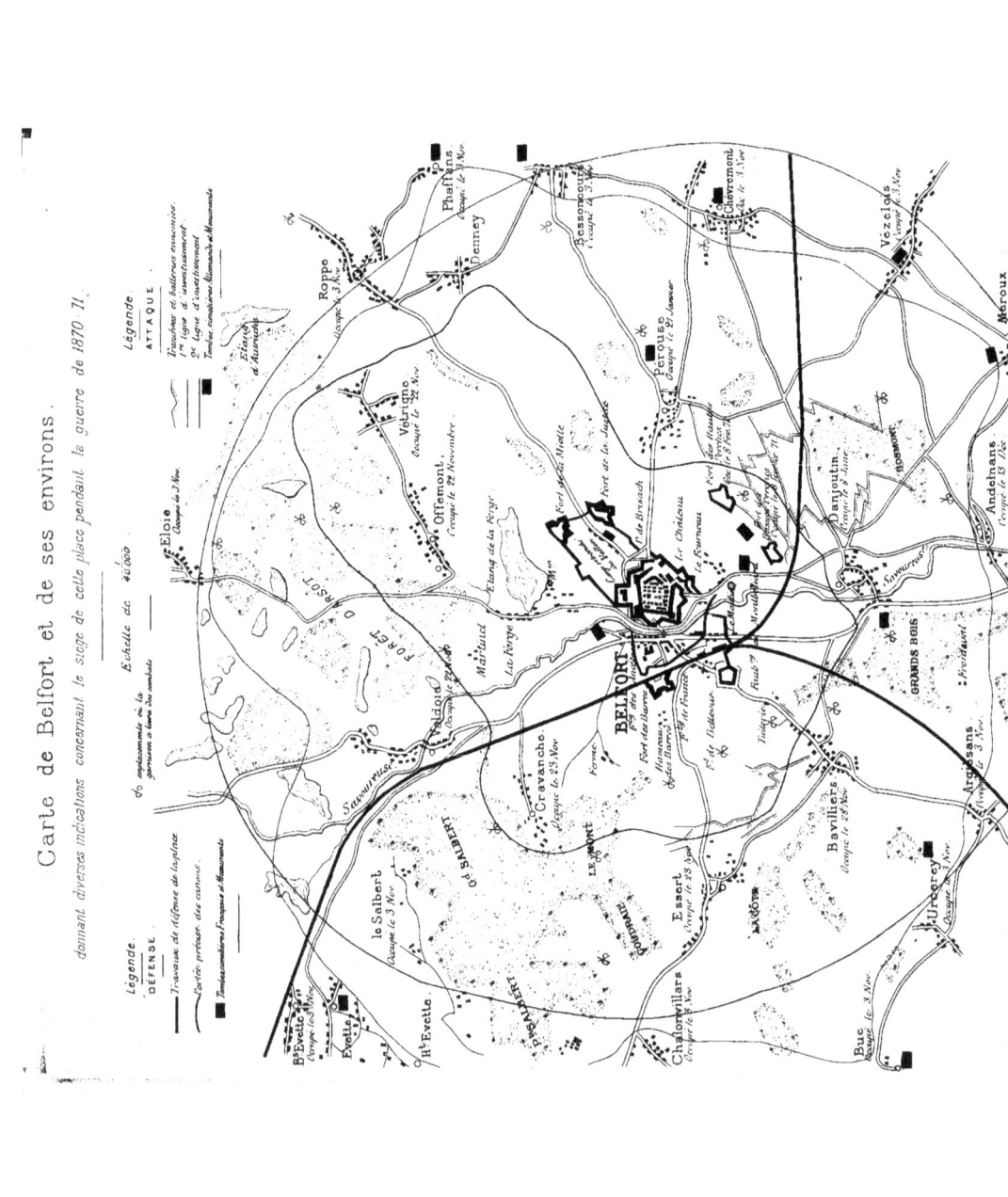

...ouleurs mulhousiens

sur la

...RRE DE 1870-1871

... Mark broché; ... Mark relié.
... papier de Hollande : 12 Mark (15 francs), broché.

En vente :

...taillon de la Mobile du Haut-Rhin. Journal d'un sou...
... (Paul GLUCK). Un volume in-8°, avec 2...
... ite en 4 couleurs.

... formés de l'État, par HENRI JUILLARD
... Un vol. in-8°, avec 2 portraits
... et 15 illustrations dans le texte.

... Belfort, par EDOUARD DOLL, garde mobile
... on du Haut-Rhin, d'abord détaché au
... puis infirmier en chef...
... ment, à Belfort. Un vol. in-...
... oupes de portraits, 11 vues
... ort en 1870 et 4 fac-simile.

...pa..ss :

(...aître en juin)

... le 4e bataillon de la Mobile du ...
... maires sur les autres bataillons
... llis par ALFRED ENGEL, anci...
... ent de mobiles, dit du Haut-Rh...
... de nombreux portraits, group...
... ne carte-itinéraire en 4 couleu...

... commander à

...NINGER MULHOU...

... du Ballon, 9-11

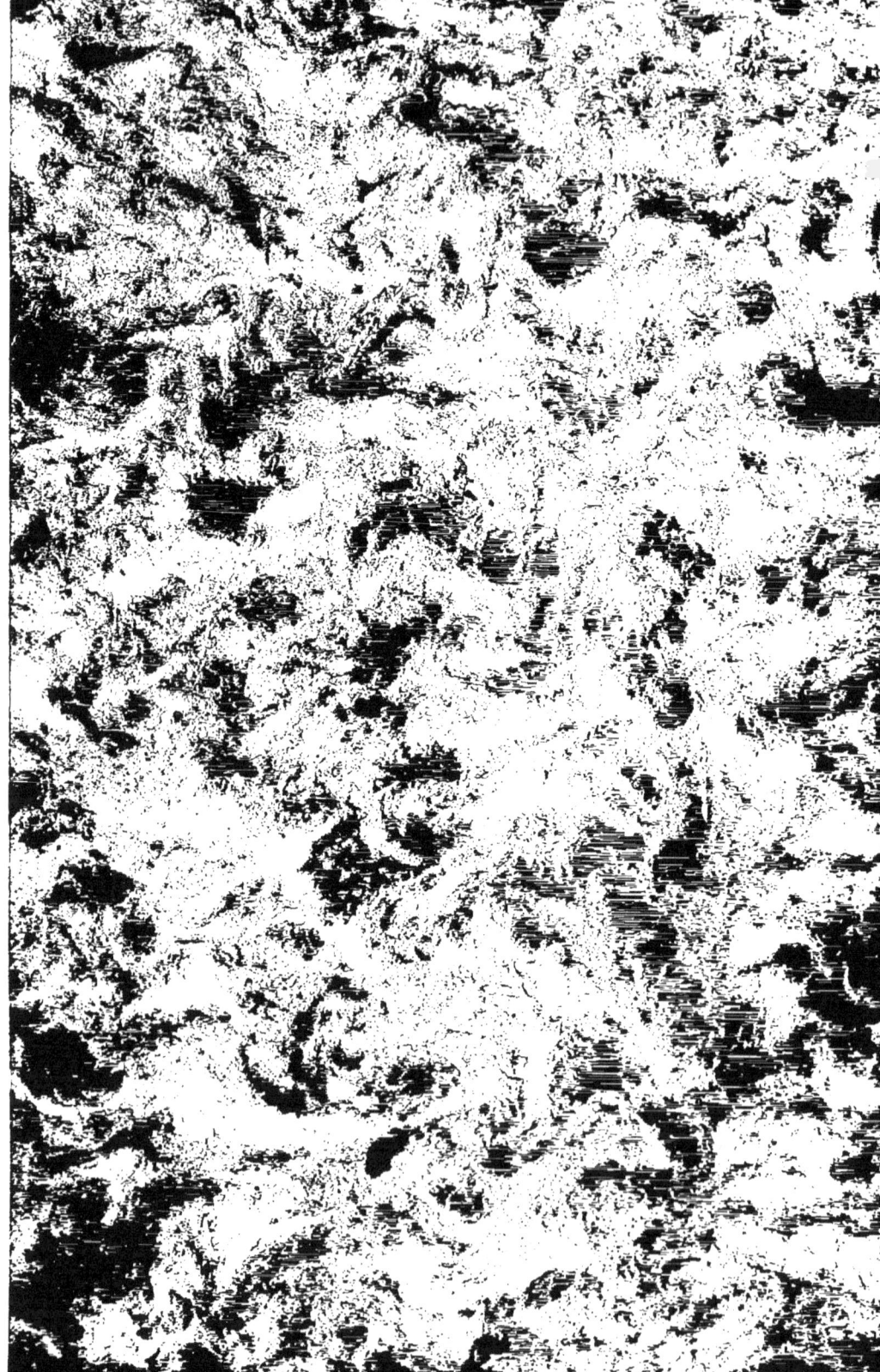

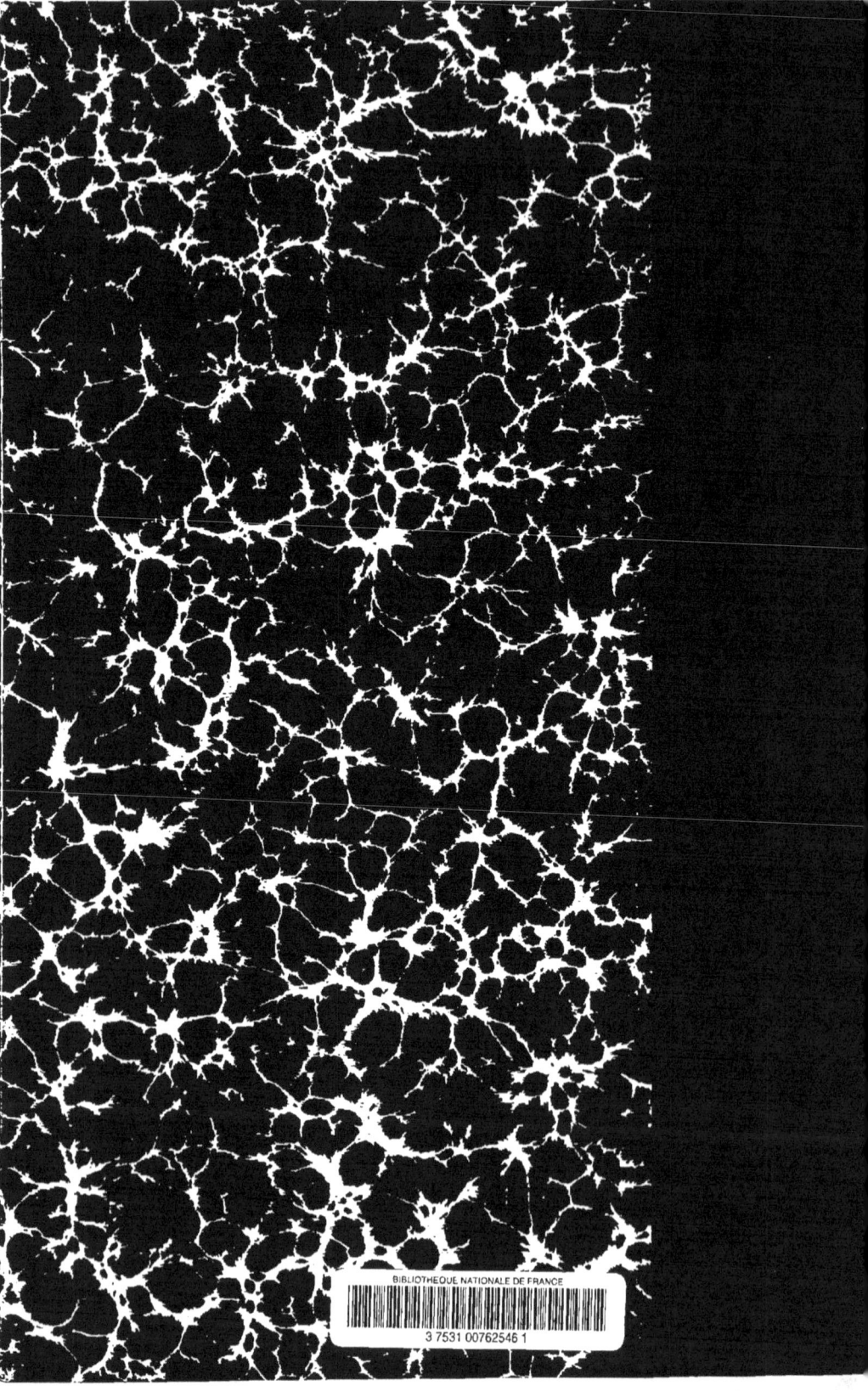

www.ingramcontent.com/pod-product-compliance
Lightning Source LLC
Chambersburg PA
CBHW050348170426
43200CB00009BA/1774